Mosaik
bei GOLDMANN

Buch

Wer kennt sie nicht, die oft unnötig aufgeblähten Probleme, die uns gefangen halten und uns den Schlaf rauben. Allen Carr befreit uns davon mit seiner bekannten Erfolgsmethode. Er hilft, die negativen Gefühle zu formulieren und in den Griff zu bekommen, statt sich von ihnen beherrschen zu lassen. Lebendige Beispiele, objektive Analysen und motivierende Anleitungen zu positivem Denken erleichtern den Weg zu mehr Lebensfreude. So kann jeder den Teufelskreis der negativen Gedanken aus eigener Kraft durchbrechen.

Autor

Allen Carr wurde mit der Entdeckung seiner Methode, mit dem Rauchen aufzuhören, über Nacht zum Erfolgsstar. Er gab seinen Job als Wirtschaftsprüfer auf und beschäftigt sich seither damit, Menschen auf sanfte, aber erfolgreiche Weise zu helfen, Suchtfallen zu entkommen. Zu diesen Fallen zählt er nicht nur Zigaretten und Alkohol, sondern auch die Sorgen, mit denen sich so viele Menschen unnötig plagen. Durch den großen Erfolg seiner Methode erlangte Allen Carr internationales Ansehen. Inzwischen gibt es weltweit Carr-Standorte mit speziell ausgebildeten Trainern.

Von Allen Carr außerdem bei Mosaik bei Goldmann:

Endlich Nichtraucher! (13664, 16401)
Endlich Nichtraucher! Mit 2 CDs (16381)
Endlich Nichtraucher! – Der Ratgeber für Eltern (16358)
Endlich Wunschgewicht! (16117, 16402)
Für immer Nichtraucher! (16293)
Endlich fliegen ohne Angst! (16288)
Endlich ohne Alkohol! (16503)

Allen Carr

Endlich frei von Sorgen

Der einfache Weg, Vertrauen und Zuversicht zu entwickeln

Aus dem Englischen von Renate Weinberger

Mosaik
bei GOLDMANN

Die Ratschläge in diesem Buch sind von Autor und Verlag sorgfältig erwogen und geprüft, dennoch kann eine Garantie nicht übernommen werden. Eine Haftung des Autors bzw. Verlags und seiner Beauftragten für Personen, Sach- und Vermögensschäden ist ausgeschlossen.

Umwelthinweis:
Alle bedruckten Materialien dieses Taschenbuches
sind chlorfrei und umweltschonend.

Originalausgabe April 2003

Umschlaggestaltung: Design Team München
Redaktion: Luisa Adelmann
Satz: DTP Service Apel, Hannover
Druck: GGP Media, Pößneck
Verlagsnummer: 16433
Kö · Herstellung: Max Widmaier
Printed in Germany
ISBN 3-442-16433-8
www.goldmann-verlag.de

1 3 5 7 9 10 8 6 4 2

Inhalt

	Vorwort	11
1	War ich immer glücklich?	15
2	Muss man besonderes Glück haben?	16
3	Sorgen sind nicht normal!	17
4	Anleitung Nummer eins: Öffnen Sie sich!	18
5	Ist die Erde rund oder eine Scheibe?	19
6	Wozu dient eine Gehirnwäsche?	20
7	Sind Sie überzeugt davon, dass Sorgen unvermeidbar sind?	21
8	Aufgeschlossen zu sein ist nicht einfach	22
9	Sie haben absolut nichts zu verlieren!	23
10	Positives Denken	24
11	Negatives Denken	25
12	Stecken Sie den Kopf nicht in den Sand!	26
13	Dümmer als ein Pantoffeltier	27
14	Habe ich Gott vergessen?	28
15	Bin ich religiös?	29
16	Der moderne, technisierte Mensch	30
17	Umweltverschmutzung	31
18	Ich halte mich an die Fakten	32
19	Lernen Sie von Mutter Natur	33
20	Tiere leben nur für den Moment	34
21	Goldene Regel Nummer zwei	35
22	Leichter gesagt als getan	36

23 Goldene Regel Nummer drei 37
24 Anleitungen und Goldene Regeln 38
25 Anleitung Nummer zwei:
Starten Sie in guter Stimmung! 39
26 Das schwächste Glied 40
27 Goldene Regel Nummer vier 41
28 Stöcke und Steine 42
29 Freuen Sie sich, Ihre Unwissenheit einzugestehen .. 43
30 Freuen Sie sich, die Gehirnwäsche abzustreifen 44
31 Sind Sorgen, Probleme, Stress und Ängste
das Gleiche? 45
32 Wilde Tiere leiden nicht unter Stress 46
33 Gefängnisstress 47
34 Sollen wir zurück in die Wildnis? 48
35 »Das Einzige, was wir fürchten müssen,
ist die Furcht selbst.« 49
36 Goldene Regel Nummer fünf 50
37 Wir verwechseln Angst mit Phobie 51
38 Verwechseln Sie Angst nicht mit Sorge! 52
39 Häufige Ursachen von Sorgen 53
40 Gewichtung 54
41 Weinen Sie nicht über verschüttete Milch! 55
42 Es dauert, bis der Groschen fällt 56
43 Revision 57
44 Goldene Regel Nummer sieben 58
45 Bestimmen Sie Ihr Leben selbst! 59
46 Gehen Sie durchs Leben mit der Angst
vor dem Tod? 60
47 Mache ich mir heute Sorgen ums Sterben? 61
48 Ist der Tod das Schlimmste? 62
49 Keine Sorgen beim Tod eines Kindes? 63
50 Ist das Leben für den Augenblick der Schlüssel? .. 64
51 Ruinieren Sie nicht Ihren Urlaub 65
52 Wie man in den Wald hineinruft, so schallt es heraus! 66

53 Geld allein macht nicht glücklich 67
54 Überschätzen Sie nicht den Wert des Geldes 68
55 Um reich zu sein, braucht man keine Millionen . . . 69
56 Verwechseln Sie nicht Verantwortung mit Stress . . . 70
57 Seien Sie vorsichtig mit Ihren Wünschen 71
58 Ich betrachte mich nicht als großen Schriftsteller ... 72
59 Warum sorgte ich mich nur für einen kurzen Moment? 73
60 Für Allen Carr mag das ja alles zutreffen 74
61 Ist das so ein schlechtes Geschäft? 75
62 Macht sich Ihr Hund Sorgen? 76
63 Macht sich Ihre Katze Sorgen? 77
64 Keine Sorgen zu haben 78
65 Jemand ist abhängig von uns 79
66 Sie müssen Ihren Hund in Pflege geben 80
67 Sind Entscheidungen nicht ein Grund zur Sorge? . 81
68 Wie kann man die Sorgen über Schmerzen vermeiden? 82
69 Warum man sich dennoch Sorgen über Schmerzen macht 83
70 Ehescheidungen und Sorgen 84
71 Ich bin ein glücklicher Mensch! 85
72 Wie sich mein Leben veränderte 86
73 Auch Sie sind ein glücklicher Mensch! 87
74 Berge schrumpfen zu Hügeln 88
75 Älterwerden ist schrecklich! 89
76 Da gibt es aber ein großes Wenn! 90
77 Die stärkste Maschine der Welt 91
78 Wir wählen das kürzere, aber schönere Leben 92
79 Aha, das ist der Haken an der Geschichte! 93
80 Sie müssen nichts aufgeben! 94
81 Können Sie sich ein Leben ohne Ihre Sinne vorstellen? 95
82 Wir sind gar nicht so zerbrechlich! 96

83 Viele Ärzte machen sich Sorgen 97
84 Ach, diese wunderbaren Pillen 98
85 Der Wert eines soliden Fundaments 99
86 Körperliche Stärke 100
87 Also doch auf Nikotin und Alkohol verzichten? . 101
88 Und wenn jemand körperbehindert ist? 102
89 Und wenn jemand geistig behindert ist? 103
90 Vom Deppen zum Genie 104
91 Möchten Sie im Lotto gewinnen 105
92 Nicht jeder kann eine Erfolgsmethode entdecken . 106
93 Mein Lieblingscartoon 107
94 Finanzielle Sicherheit 108
95 Lernen 109
96 Was Hänschen nicht lernt, lernt Hans nimmermehr 110
97 Ja, ich widerspreche mir selbst! 111
98 Niemand lebt allein auf einer einsamen Insel 112
99 Also doch kein selbstbestimmtes Leben? 113
100 Einer, der Sie mit all Ihren Fehlern und Schwächen liebt? 114
101 Was erwarten Sie von einem Freund? 115
102 Machen Sie sich selbst zum guten Freund! 116
103 Wir alle haben Fehler 117
104 Partnersuche 118
105 Ist Schüchternheit ein Fluch? 119
106 Körperliche Unzulänglichkeiten sind kein Handicap 120
107 So, wo stehen wir jetzt? 121
108 Die Sorge um einen geliebten Menschen 122
109 Zweifel und Unsicherheit 123
110 Wie kann man sich um seine Kinder *keine* Sorgen machen? 124
111 Müßiggang und Langweile sind der Nährboden für Sorgen 125

112 Unser Gewissen macht uns zu Feiglingen 126
113 Ehrlichkeit währt am längsten 127
114 Ein gutes Gewissen ist das beste Ruhekissen 128
115 Ein Feigling stirbt tausend Tode 129
116 Wer braucht besorgte Eltern? 130
117 Ein Geschenk fürs Leben 131
118 Nicht zuletzt 132
Die Goldenen Regeln im Überblick 133

Vorwort

Wenn du Sorgen hast und das Leben schwer ist, wappne dich und pack es an.

Dieser in Schönschrift auf edles Papier gemalte Spruch gehört zu meinen ersten Kindheitserinnerungen. Fein säuberlich gerahmt prangte er bei uns zu Hause über dem Kamin. Heute sehe ich in ihm gewissermaßen die Quintessenz der Lebenseinstellung meiner Mutter, die das ganze Leben als Strafe oder als Leidensweg voller Kummer und Sorgen betrachtete. Aus ihrer Sicht hatte sie damit wohl Recht – als Älteste von fünfzehn Geschwistern, mit einer dem Alkohol verfallenen Mutter und einem Vater, der die Familie alleine ließ. Noch selbst ein Kind, musste sie für ihre Geschwister die Verantwortung übernehmen und ihnen beide Elternteile ersetzen, und das in der Zeit der Weltwirtschaftskrise, die unter dem Begriff Depression in die Geschichte einging.

Zweifellos prägte die Lebenseinstellung meiner Mutter auch mich, meine Schwester und meine Brüder. Meine Schwester konnte dem Einfluss unserer Mutter zeitlebens am wenigsten entgegensetzen, was sich bei ihr in einem häufig geäußerten Satz widerspiegelt:

»Meine größte Sorge ist, wenn es nichts gibt, worüber ich mir Sorgen machen muss.«

Das klingt reichlich paradox. Wie kann man sich Sorgen machen, wenn keinerlei Grund zur Sorge vorliegt? Aber ich weiß, was sie meint, und Sie wissen es wahrscheinlich auch. Solange wir uns über etwas Sorgen machen können, sind unsere Gedanken damit beschäftigt. Tritt dann das Besorgnis erregende Ereignis ein, erweist es sich in neun von zehn Fällen als harmlos. Und genau diese Erfahrung, dass alles eigentlich gar nicht so schlimm ist, bewahrt uns davor, uns über die wirklichen Katastrophen Sorgen zu machen.

Auch in meinem Leben bewahrheitete sich zunächst die düstere Lebenseinstellung meiner Mutter. Durch die Evakuierung beim Ausbruch des Zweiten Weltkrieges wurde ich von meinen Eltern getrennt. Auch das gewonnene Stipendium für eine Schule, in der jeder Junge mir sozial, finanziell, körperlich und intellektuell überlegen zu sein schien, trug nicht zu einer positiven Haltung bei. Und den von mir erwählten Beruf – Wirtschaftsprüfer – hasste ich wie die Pest.

Es gab eine Zeit, da schien im Rückblick mein Leben nur aus drei Dingen zu bestehen:

Sorgen, Sorgen und noch mal Sorgen.

Nur ein Lichtblick erhellte damals mein Leben: mein großer Freund und Begleiter. Ohne ihn – und davon war ich fest überzeugt – könnte ich diese ganze Last gar nicht tragen. Wer war dieser wunderbare Freund? Eine Packung Zigaretten. Nein, nicht eine, unendlich viele. Über dreißig Jahre lang rauchte ich täglich dreißig bis hundert Zigaretten.

Natürlich hatte dieser Freund einige Fehler. Der schlimmste war mir sehr bewusst: Er wird mich umbringen, wenn ich mich nicht von ihm trenne. Ich machte mehrere Trennungsversuche, fühlte mich dabei aber jedes Mal so elend, dass ich mich erneut meinem guten Freund zuwendete. Ich rauchte wieder und immer wieder ohne Ende und sagte mir: Wenn das Leben ohne meinen Freund so schrecklich ist, dann führe ich lieber das kürzere, aber glücklichere Leben eines Rauchers.

Dann kam aber doch alles ganz anders. 1983 entdeckte ich eine Methode, die jedem Raucher ermöglicht, sich schnell, problemlos und dauerhaft von seinem Laster zu befreien, und das ohne Willenskraft und qualvolle Entzugserscheinungen. Aus gutem Grund nannte ich die Methode: leichter Weg. Ich gab meinen Beruf als Wirtschaftsprüfer auf und gründete den ersten Allen-Carr-Standort. Inzwischen gibt es weltweit mehr als vierzig derartige Einrichtungen, und ich bin als führender Experte für Raucherentwöhnung international anerkannt.

Bald wurde mir klar, dass meine Methode nicht nur bei der Raucherentwöhnung hervorragend funktioniert, sondern auch bei anderen Suchtfallen – und bei der Befreiung von Sorgen. Sie erscheint mir wie eine Art Patentrezept für ein glücklicheres Leben.

Ich versuche, mich zu erinnern, wann ich mir das letzte Mal über irgendetwas Sorgen gemacht habe. Mir fällt da nur die Zeit vor etwa achtzehn Jahren ein, als ich meinen Beruf hinwarf und einen 30000-Dollar-Kredit aufnahm. Damals fürchtete ich, das Abenteuer mit meinem ersten Allen-Carr-Standort könnte schief gehen, und ich würde nicht in der Lage sein, meinen Kredit zu tilgen.

Wäre ich heute in der gleichen Situation, würde ich mir überhaupt keine Sorgen machen. Und das sage ich jetzt nicht, weil ich Erfolg hatte, sondern weil es tatsächlich keinen Grund zur Sorge gab.

Kann ich wirklich guten Gewissens behaupten, ich hätte mir seither über nichts mehr Sorgen gemacht? Natürlich nicht. Aber die Tatsache, dass ich mich nicht mehr an die Sorgen der vergangenen achtzehn Jahre erinnere, bestätigt meine Aussage. Untermauert wird sie durch die Erinnerung an die Jahre vor 1983: Bis dahin bestand mein Leben nur aus einer endlosen Kette von Sorgen.

Und seither? War mein Leben tatsächlich frei von Sorgen,

Problemen, Depressionen und Stress? Selbstverständlich nicht! Ich hatte und habe jede Menge Probleme, aber nur äußerst selten litt oder leide ich unter Depressionen oder Stress.

In diesem Buch finden Sie keine Ansammlung von Ratschlägen, wie Sie Ihre Sorgen besser bewerkstelligen können. Es soll Ihnen vielmehr helfen zu verstehen, warum Sie sich erst gar keine Sorgen machen müssen, sodass Sie sagen können:

Endlich frei von Sorgen!

1
War ich immer glücklich?

Wie so viele Menschen hat man mich seit meiner Geburt einer Gehirnwäsche unterzogen und mir eingetrichtert: Sorgen gehören zum Leben wie das Amen in der Kirche. Und so beherrschten mich die quälenden Sorgen in jenen Jahren, die man eigentlich als die besten des Lebens betrachtet. Auf die Frage »War ich immer glücklich?« kann ich daher nur antworten: »Nein, ich war lange Zeit ausgesprochen unglücklich!«

Aber seit ich mich von der »Sorgen-Gehirnwäsche«, unter der die meisten Menschen ihr Leben lang leiden, befreit habe, kann ich sagen: »Ich bin sehr glücklich!«

2
Muss man besonderes Glück haben?

Glücklicherweise nicht. Manche Menschen suchen fast ihr ganzes Leben lang verbissen nach dem Schlüssel, der sie aus ihrem Sorgengefängnis befreit. Dann kann sich genau dieses Gefängnis in Sekundenschnelle öffnen, wenn ihnen jemand die Kombination zu dem Schloss verrät.

3
Sorgen sind nicht normal!

Sich Sorgen zu machen ist die Folge jener Gehirnwäsche, die wir in unserer zivilisierten Welt über uns ergehen lassen mussten. Ich habe den größten Teil meines Lebens damit verbracht, den Schlüssel zu suchen, der mich aus meinem Sorgengefängnis befreit. Falls Ihnen ebenfalls andauernd Sorgen durch den Kopf kreisen, sitzen Sie im gleichen Gefängnis. Keine Sorge! Der Schlüssel, der mich befreit hat, wird auch Sie befreien. Vertrauen Sie sich mir und meiner Erfolgsmethode an. Der Schlüssel dreht sich und öffnet Ihnen die Kerkertür! Alles, was Sie dafür tun müssen, ist, meinen Anleitungen wie einem Wegweiser zu folgen.

4
Anleitung Nummer eins: Öffnen Sie sich!

Das ist die erste und wichtigste Anleitung – und vielleicht die schwierigste. Halten Sie sich selbst für einen aufgeschlossenen Menschen? Selbstverständlich, jeder tut das. Und wenn Sie sich noch so sehr darum bemühen, werden Sie wohl kaum einen Menschen finden, der von sich selbst sagt, er sei verschlossen oder gar engstirnig. Also akzeptieren Sie deshalb einfach: Sie und ich – wir alle – gleichen uns.

5
Ist die Erde rund oder eine Scheibe?

Gehen wir einmal davon aus, Sie befinden sich auf der Nordhalbkugel, zum Beispiel in Deutschland. Meinen Sie dann, die Australier da drunten fast am Ende der Südhalbkugel würden kopfunter leben? Seit mehr als dreihundert Jahren wissen wir, dass die Erde die Sonne umkreist und nicht umgekehrt. Warum sagen wir dann beharrlich: »Die Sonne *geht* im Osten *auf* und im Westen *unter*?«, statt sie *erscheint*. Nun, weil das zwei klassische Beispiele sind für »Vorstellungen wider besseren Wissens« oder – eine verdrehte Sichtweise. Um Letzteres geht es schlussendlich bei der Gehirnwäsche, die wir unter anderem in Bezug auf Sorgen durchlaufen haben. Wir müssen nicht nur die Gehirnwäsche tilgen, sondern auch diese verdrehte, verzerrte Sichtweise.

6
Wozu dient eine Gehirnwäsche?

In meinem Lexikon steht: »… um eine radikale Änderung des Denkens und der Ansichten einer Person zu erreichen.« Auch wenn ich akzeptiere, dass die Wahrheit unter Umständen im Auge des Betrachters liegt, bleibt die Sache mit der runden oder flachen Erde eine Frage der unbestreitbaren Fakten. Aus meiner Sicht definiere ich Gehirnwäsche deshalb so: Sie dient dazu, jemanden davon zu überzeugen, dass echte Fakten unwahr sind. Vor 1492 hat man den Menschen der zivilisierten Welt suggeriert, die Erde sei eine Scheibe. Und uns hat man per Gehirnwäsche beigebracht, Sorgen seien normal und unvermeidbar. Beides trifft nicht zu!

7
Sind Sie überzeugt davon, dass Sorgen unvermeidbar sind?

Ja? Dann sind Sie der Anleitung Nummer eins nicht gefolgt. Will ich Sie jetzt prüfen, ob Sie mir blind vertrauen? Nein, ganz im Gegenteil, denn Sie sollen, nein, Sie müssen skeptisch sein. Was ich Ihnen bisher erzählt habe, Ihre eigenen und die gesellschaftlich bedingten Ansichten haben Sie ja zum blanken Daranglauben geführt. Uns – Sie und mich – interessiert jetzt nur die Wahrheit, das Aufdecken der Fakten. Und dazu gehört meine Frage: Wie können Sie behaupten, Sie seien ein aufgeschlossener Mensch, wenn Sie mit der vorgefassten Meinung, die Sorgen gehörten untrennbar zum Leben, hier antreten?

8
Aufgeschlossen zu sein ist nicht einfach

Sie können frei von Sorgen leben, wenn Sie meine Anleitungen verstehen und befolgen. Zugegeben, es ist nicht immer ganz einfach, die Anleitungen in die Praxis umzusetzen. Können Sie sich vorstellen, wie schwer es damals den Faktenkundigen fiel, die Menschen davon zu überzeugen, dass die Erde rund und nicht flach wie ein Teller ist? Mit der Ansicht, die Erde sei eine Scheibe, sind unendlich viele Generationen aufgewachsen, und was die Leute mit ihren eigenen Augen – in die Ferne blickend – von der Erde gesehen haben, war nun mal flach. Sie befinden sich in einer ähnlichen Situation!

9
Sie haben absolut nichts zu verlieren!

Um Jahre und vielleicht Jahrzehnte gehegte Ansichten in Frage zu stellen, braucht man Vorstellungskraft und Intelligenz. Und Mut! Genau den haben Sie gerade gefasst. Wenn Sie zu einem Buch mit dem Titel »Endlich frei von Sorgen« greifen, läuft Ihr Leben im Moment garantiert nicht gerade glatt und rosig. Und wahrscheinlich sind Sie ziemlich deprimiert. Seien Sie das nicht! Wann hatten Sie jemals in Ihrem Leben so viel zu gewinnen und rein gar nichts zu verlieren?

10
Positives Denken

Manche glauben, bei meiner Methode handele es sich um ein Training im positiven Denken. In der Tat bildet das positive Denken einen grundlegenden Bestandteil der Methode und ist die **Goldene Regel Nummer eins**. Es steckt jedoch sehr viel mehr dahinter, denn das positive Denken alleine hat mir nicht geholfen, mit dem Rauchen aufzuhören und frei von Sorgen zu sein. Sie kennen gewiss die Ratschläge von der Sorte wie: »Konzentriere dich auf die guten Seiten des Lebens« oder »Anderen geht es noch viel schlechter als dir« oder »Hauptsache, du bist gesund«. Solche methodischen Sätze klingen logisch und helfen unter Umständen auch tatsächlich, aber sie könnten auch Beispiele für das Gegenteil sein: fürs negative Denken.

11
Negatives Denken

Ratschläge wie die gerade genannten bekommt man meist in mehr oder weniger tragischen Situationen. Sie sollen von dem schrecklichen Ereignis ablenken. Doch was gut gemeint ist, kann schnell ins Negative umschlagen. Der Vogel Strauß steckt seinen Kopf in den Sand in dem Glauben: Wenn ich die Gefahr nicht sehe, dann existiert sie nicht. Welch ein Trugschluss, denn ohne Zweifel ist der Strauß mit dem Kopf im Sand viel gefährdeter, als wenn er der Gefahr ins Auge blicken würde. Ich führe dieses bekannte Beispiel hier an, weil es unseren beliebtesten Schachzug widerspiegelt. Anstatt uns den Problemen zu stellen und sie anzupacken, verdrängen wir sie in der Hoffnung, sie würden sich von alleine erledigen. Von wegen, damit machen wir nur noch alles schlimmer. Ich musste lernen:

12
Stecken Sie den Kopf nicht in den Sand!

Bis auf den Strauß – und viele Menschen – tut das kein anderes Lebewesen auf dieser Welt. Und warum nicht? Da gibt es nur eine Antwort: Weil es das Dümmste ist, was man tun kann. Ich finde es schon paradox, dass die einzige Spezies auf unserem Planeten, die über das am besten entwickelte Gehirn verfügt, und sich für die intelligenteste Art hält, so eine unsäglich dumme Taktik übernimmt. Schauen wir uns das mal näher an.

13
Dümmer als ein Pantoffeltier

Ja, das ist der Mensch. Aber warum? Jedes Lebewesen auf unserem Planeten – einschließlich wir Menschen – wurde von Mutter Natur geschaffen. Alle Arten – nur wir nicht –, die heute noch existieren, verdanken das ihrem instinktiven Verhalten; sie haben gar keine andere Wahl, als den Regeln von Mutter Natur zu folgen. Deren Regeln basieren auf der natürlichen Auslese. Oder mit anderen Worten: Hinter den Regeln der Natur stehen drei Milliarden Jahre des evolutionären Ausprobierens.

14
Habe ich Gott vergessen?

Keineswegs. Doch Gott und der Glaube (in seinen verschiedenen Formen) sind eine andere Sache. Ich spreche von Fakten, nicht vom Glauben. Ganz gleich, an welchen Gott Sie glauben, er (oder sie) hat die Evolution walten lassen. Ihre Existenz können wir nicht leugnen. Um jedoch niemandem zu nahe zu treten, verweise ich lediglich auf Mutter Natur.

15
Bin ich religiös?

Diese Frage kann ich weder bejahen noch verneinen. In meinem Lexikon steht unter dem Stichwort Religion: »Der Glaube an eine übernatürliche Macht, die das Schicksal der Menschen bestimmt.« Und das Übernatürliche definiert es so: »Bezieht sich auf Dinge, die sich mit den Naturgesetzen nicht erklären lassen.«

Ich denke, niemand wird mich steinigen, wenn ich meine: Wer auch immer mich, Sie und alle anderen Lebewesen unserer Erde geschaffen hat, war eine gute Macht, die beabsichtigte, dass wir Freude an unserem Leben haben. Ich glaube das nicht aus religiösen Gründen oder weil diese Absicht Musik in unseren Ohren ist, sondern weil die Fakten meine Meinung nicht widerlegen können.

16
Der moderne, technisierte Mensch

Damit meine ich jene aufrecht gehende Spezies, die seit etwa zweihundert Jahren jene Regionen unserer Erde bevölkert, die man heute Industrieländer nennt. Diese Spezies setzt sich, arrogant, dumm und hybrid wie sie ist, einfach über die angesammelte Intelligenz von drei Milliarden Jahren Evolution hinweg. Wir alle gehören zu dieser besonderen Art. Stopp, stopp, ich will Sie nicht beleidigen. Werfen Sie jetzt das Buch bitte nicht in den Papierkorb, lassen Sie uns lieber gemeinsam ein paar nackte Fakten genauer anschauen. Ist es vielleicht intelligent, Bomben zu bauen, die so grauenvoll sind, dass wir uns noch nicht einmal getrauen, sie gegen unsere ärgsten Feinde einzusetzen? Ist es intelligent, dass die halbe Welt verhungert, während die andere Hälfte unter Übergewicht und deren Folgen, zum Beispiel Herzerkrankungen, leidet?

17
Umweltverschmutzung

Ist es intelligent, alles um uns herum zu verschmutzen: unsere Meere, Seen und Flüsse, unsere Nahrung, die wir täglich essen, und sogar die Luft, die wir atmen? Ist es intelligent, die Ressourcen, die in Milliarden von Jahren entstanden sind, in noch nicht einmal zweihundert Jahren fast vollends zu verschleudern? Ist es intelligent, diesen wunderschönen Planeten – unser Erbe – so auszubeuten, dass wir unseren Kindern und Enkeln nur noch eine verwüstete oder zubetonierte Welt hinterlassen?

18
Ich halte mich an die Fakten

Nun denken Sie vielleicht, dass alles, was ich Ihnen gerade erzählt habe, keineswegs dazu beiträgt, Sie von Ihren Sorgen zu befreien. Ganz im Gegenteil, es steigert nur Ihre Besorgnis. Das stimmt nicht! Sie kennen diese Fakten genauso gut wie ich. Allerdings rangieren sie unter der Rubrik »Vogel-Strauß-Politik«. Wir versuchen, diese unangenehmen Erscheinungen aus unserem Bewusstsein auszublenden, doch sie lasten wie ein ständig anwachsender, bedrohlicher Schatten auf unserem Unterbewusstsein. Sie sind eine Hauptursache für unseren permanenten »Sorgenzustand«.

19
Lernen Sie von Mutter Natur

Vielleicht hegen Sie auch die Vorstellung, man müsse erst einmal die Folgen unserer Dummheit wieder gutmachen, um uns sorgenfreier zu fühlen. Das ist zwar wünschenswert, sprengt aber leider den Rahmen dieses Buches.

Lenken wir unser Augenmerk auf die Tiere, die stärker als wir unter der menschlichen Dummheit leiden müssen. Durch die Umweltverschmutzung und die Zerstörung ihrer Lebensräume sterben tagtäglich immer mehr Arten aus. Im Gegensatz zu den Opfern machen wir – die Täter – uns große Sorgen über diese unbestreitbare Tatsache. Warum das?

20
Tiere leben nur für den Moment

Das gehört ohne Zweifel zu den Geheimnissen der Tierwelt. Bevor ich meine Methode des leichten Weges entdeckte, versetzte mich das Aussterben von Arten und andere derartige Vorgänge in der Natur in andauernde Besorgnis. Heute mache ich mir darüber nicht mehr die geringste Sorge. Warum?

21
Goldene Regel Nummer zwei

Mein Lexikon definiert den Begriff Sorge wie folgt: »Angst haben vor etwas Ungewissem oder Bedrohlichem.« Der Schlüssel liegt in dem Wort »Ungewissem«.

Und hier setzt die **Goldene Regel Nummer zwei** ein. Sie lautet: Wenn ein aktuelles oder mögliches Problem ansteht, überlegen Sie zuerst, ob Sie eine Lösung dafür parat haben. Trifft dies zu, ist das Problem schon gelöst. Finden Sie nicht gleich eine Lösung, stellen Sie einen Kampfplan auf. Falls die Unterstützung von Freunden oder professionelle Hilfe nötig erscheint, nehmen Sie diese unbedingt in Anspruch! Lässt sich das Problem gar nicht lösen, akzeptieren Sie das, aber machen Sie sich keine Sorgen darüber!

22
Leichter gesagt als getan

Vielleicht betrachten Sie die Goldene Regel Nummer zwei als selbstverständlich. Das ist sie auch tatsächlich – wie alle meine Ratschläge. Alles, was ich Ihnen rate, birgt eine Logik in sich. Andererseits könnten Sie vielleicht auch fragen: »Wenn man keine Lösung für ein ernsthaftes Problem findet, was bleibt einem da anderes übrig, als sich Sorgen zu machen?«

Ich verspreche Ihnen: Es gibt eine Möglichkeit, sich darüber keine Sorgen zu machen. Wir alle werden mit schwierigen anstehenden oder zukünftigen Problemen konfrontiert, die jedoch in keiner Weise unsere Besorgnis erregen. Doch betrachten wir zunächst die Goldene Regel Nummer drei.

23
Goldene Regel Nummer drei

Bei genauer Betrachtung der Dinge, über die wir uns Sorgen machen, handelt es sich um problematische Situationen, die *vielleicht* eintreten *könnten*. Sorgen gehen immer mit Ungewissheit einher! Falls das Schlimme dann wirklich eintritt, stellt es sich in sehr vielen Fällen als harmlos und keineswegs als etwas Besorgniserregendes heraus.

Aufgrund unserer Gehirnwäsche sind wir regelrecht darauf trainiert, uns über jedes Kinkerlitzchen Sorgen zu machen. Trainieren Sie in die andere Richtung! Meine Methode steuert diesem Sorgen-Teufelskreis entgegen.

Goldene Regel Nummer drei: Bevor Sie sich Sorgen machen, überlegen Sie, wie die Sache oder Situation im schlechtesten Fall aussehen könnte. Und dann fragen Sie sich, ob Sie sich darüber wirklich Sorgen machen müssen.

24
Anleitungen und Goldene Regeln

Was ist der Unterschied zwischen Anleitungen und Goldenen Regeln? Die Regeln sind Ihre Erinnerungsstützen, nachdem Sie es dank meiner Methode geschafft haben, frei von Sorgen zu sein. Mit den Anleitungen nehme ich Sie an meine Hand und führe Sie, während Sie dieses Buch lesen, um sicherzustellen, dass Sie alles verstehen und die Goldenen Regeln befolgen können. Verwirrt? Keine Sorge! Es gibt nur zwei Anleitungen. Die erste war: Öffnen Sie sich! Und die zweite folgt jetzt:

25
Anleitung Nummer zwei: Starten Sie in guter Stimmung!

Wie kann ich von Ihnen erwarten, mit einem guten Gefühl oder in guter, gar glücklicher Stimmung zu beginnen, wenn Ihre Sorgen wie riesige Betonbrocken auf Ihren Schultern lasten? Lesen Sie bitte weiter, Sie kommen garantiert dahinter.

Sicher kennen Sie den Ausspruch: »Die Schulzeit ist die schönste Zeit im Leben.« Wenn das wahr ist, warum nehmen sich dann so viele Schüler das Leben? Weil die Schule uns nicht das notwendige, reale Rüstzeug für den harten Überlebenskampf liefert, wie es den Heranwachsenden in der Tierwelt geboten wird. Vielmehr besteht unsere Erziehung hauptsächlich darin, über uns hinwegzuwalzen, als ob wir in dieser höchst sensiblen Zeit nicht das schwächste Glied in der Kette wären.

26
Das schwächste Glied

Warum faszinieren uns Quizshows im Fernsehen? Sind wir so sadistisch veranlagt, dass wir unsere Freude daran haben, kluge Leute zu beobachten, wie sie ins Schwitzen geraten, wenn der Quizmaster sie erst einmal schmoren lässt, bis er das erlösende »Das ist richtig« sagt? Oder genießen wir es, wenn er leicht süffisant das Gesicht verzieht, wenn ein Kandidat etwas ganz Einfaches nicht weiß? Ich glaube, mit Sadismus hat das nichts zu tun. Ich meine, diese Quizshows sind so beliebt, weil sie unseren natürlichen Wunsch nach Wissen befriedigen, während wir unbehelligt und sicher auf unserer Couch sitzen. So bleiben wir vor den Erniedrigungen, wie wir sie im Klassenzimmer häufig genug erlebt haben, verschont.

27
Goldene Regel Nummer vier

Es ist nur die Angst, unwissend zu erscheinen, die uns zu Unwissenden macht. Irgendwann in Ihrem Leben saßen Sie bestimmt schon einmal in einer Runde erwachsener, gestandener Menschen, die dem Vortrag eines Experten lauschten. Ihnen erschien alles, was dieser fachkundige Mensch von sich gab, wie das reinste Kauderwelsch. Sie guckten um sich und bemerkten, dass die anderen Zuhörer genauso wenig verstanden wie Sie. Dann fasste sich jemand ein Herz, stand auf und sagte: »Verzeihen Sie bitte, vielleicht bin ich ein bisschen begriffsstutzig, aber ich verstehe kein einziges Wort vom dem, was Sie da sagen.«

28
Stöcke und Steine …

… können mir die Knochen brechen, aber Worte tun mir nicht weh. Den tieferen Sinn dieses im englischen Sprachraum sehr bekannten Sprichwortes erfassen viele Menschen nicht. Verachten wir jene Person, die aufsteht, um völlig offenherzig Einspruch zu erheben? Nein, ganz im Gegenteil, wir bewundern sie insbesondere wegen ihrer Courage, einzugestehen, dass sie etwas nicht verstanden hat. Und dazu muss diese Person gar nicht ihren ganzen Mut zusammenraffen. Genauso wenig wie Sie! Dass wir uns schämen, wenn wir irgendetwas nicht verstehen, verdanken wir nur der schon mehrfach erwähnten Gehirnwäsche. Sie bildet die größte Blockade, wenn es darum geht, die Sorgen aus unserem Leben zu vertreiben.

29
Freuen Sie sich, Ihre Unwissenheit einzugestehen

Heißt das so viel wie: »Ich bin dumm, aber ich bin stolz darauf?« Nein, es bedeutet das komplette Gegenteil. Niemand möchte dumm erscheinen, selbst wenn er es tatsächlich ist. Manche Menschen sind nun mal gescheiter als andere, doch jedes menschliche Gehirn ist zu schier unglaublicher Intelligenz fähig. Wozu sind Ihre Beine gut, wenn Sie Angst haben, sie in Gang zu setzen? Wozu ist Ihr Gehirn gut, wenn Sie es nicht benutzen? Wie kann man Unwissenheit ablegen, wenn man nicht zugibt, dass man unwissend ist?

30
Freuen Sie sich, die Gehirnwäsche abzustreifen

Per Gehirnwäsche wurde uns eingetrichtert, uns Sorgen zu machen. Per Gehirnwäsche wurden wir darauf programmiert, uns nicht einzugestehen, dass wir vieles nicht wissen und Ängste sowie Schwächen haben. Was ist die Hauptursache für unsere andauernden Sorgen? Wir bestimmen unser Leben nicht selbst – haben es nicht fest in der eigenen Hand! Es wird massiv beeinflusst vom so genannten Glück, vom Schicksal, von den Menschen, die wir lieben, von unserer Regierung und so weiter und so fort. Ich versichere Ihnen, ohne mich auf irgendeine Religion zu beziehen: Diese »unglaubliche Intelligenz«, die jeden von uns geschaffen hat, gab uns die Fähigkeit mit, unser Leben selbstbestimmt und sorgenfrei zu führen.

31
Sind Sorgen, Probleme, Stress und Ängste das Gleiche?

Keineswegs! Fühlen Sie sich physisch und psychisch stark, bilden Probleme für Sie keinen Anlass zur Sorge. Vielmehr werden sie zu einer Herausforderung, der Sie ins Auge schauen und die Sie in den Griff bekommen. Ein viel beschäftigter Manager betrachtet seinen Job als extrem stressig. Hat er tatsächlich einen Grund für den Riesenstress? Dieser Mensch weiß, woher er seine nächste Mahlzeit bekommt, dass er ein sicheres, komfortables Dach über dem Kopf besitzt und dass ihn kein wildes Tier anfällt, wenn er das Haus verlässt. Das Schlimmste, was ihm passieren kann, ist der Verlust seines Arbeitsplatzes. Doch ist das wirklich lebensbedrohend?

32
Wilde Tiere leiden nicht unter Stress

Ein Kaninchen ist sein ganzes Leben lang die mögliche Beute des Fuchses. Noch nicht einmal sein Bau gewährt ihm vollkommene Sicherheit. Doch es ist mit genügend Adrenalin und ähnlichen Substanzen ausgestattet, um dieses gefahrvolle Leben zu bewerkstelligen. Es kann sich und seine Familie ernähren, und es bringt weitaus mehr Nachwuchs auf die Welt als wir Menschen. Das Durchschnittskaninchen wirkt wesentlich glücklicher als der Durchschnittsmensch. Unter Stress leidet ein wild lebendes Tier nur, wenn es von Menschen gefangen gehalten wird.

33
Gefängnisstress

Gefangene Tiere, die in ihrem Käfig umhertigern, sehen wir uns nicht gerne an, weil sie uns an unser eigenes, selbst geschaffenes Gefängnis erinnern. Wir sind die einzige Spezies, die sich selber zwingt, zur Schule zu gehen und mehr als die Hälfte des Lebens für andere zu arbeiten. Wir sind die einzige Art, die weinen kann.

Welcher Trieb ist bei allen Lebewesen am stärksten ausgeprägt? Der Überlebenstrieb! Warum? Weil wir ein riesiges Geschenk mitbekommen haben: die Freude am Leben. Wir sind jedoch die einzige Art auf der ganzen Welt, die diese Freude mitunter in solch ein Elend verwandelt, dass manche Menschen den Freitod dem Leben vorziehen.

34
Sollen wir zurück in die Wildnis?

Nein, nein, wirklich nicht! Dazu bietet die moderne Welt doch zu viele Vorteile. Ein Großteil der Menschen muss nicht verhungern, wird nicht von wilden Tieren angegriffen, besitzt ein sicheres, komfortables Zuhause. Es gibt das Fernsehen, schnelle, preiswerte Kommunikationsmöglichkeiten und die Chance zu reisen. Und tatsächlich besitzen wir das am höchsten entwickelte Gehirn aller Lebewesen. Wir sollten es nutzen, um unser Leben glücklicher zu gestalten – und nicht umgekehrt. Deshalb funktioniert meine Methode!

35
»Das Einzige, was wir fürchten müssen, ist die Furcht selbst.«

Mit diesem Satz sprach der amerikanische Präsident Franklin D. Roosevelt 1933 bei seinem Amtsantritt den von der Wirtschaftskrise gebeutelten Amerikanern Mut zu. So richtig verstanden habe ich diesen Satz erst, nachdem ich entdeckt hatte, wie man tatsächlich frei von Sorgen sein kann. Was war die Ursache dieser Wirtschaftskrise, die unter dem Begriff Depression in die Geschichte einging? Es gab weder eine Flutkatastrophe oder eine Hungersnot, noch trat die Pest auf. Es handelte sich lediglich um einen Wall-Street-Crash, also einen Börsenzusammenbruch. Mit anderen Worten: Überschäumender Optimismus führte zu falschem Verhalten der Wirtschaft. Als die Seifenblase dann platzte, geriet jedermann in Panik. Roosevelt löste das Problem, indem er Zuversicht und Vertrauen in die Zukunft zurückbrachte.

36
Goldene Regel Nummer fünf

Sie lautet: Hören Sie auf, Angst als einen Feind oder eine Schwäche zu betrachten. Angst gehört zu den besten Überlebensstrategien, mit denen Mutter Natur alle Lebewesen ausgestattet hat, um diese vor Verletzungen oder dem frühzeitigen Tod zu bewahren. Für Ihre Furcht oder Angst müssen Sie sich genauso wenig schämen wie für das Anbringen von Alarmanlagen in Ihrem Zuhause.

37
Wir verwechseln Angst mit Phobie

Die Angst vor körperlichen Angriffen, großen Höhen, Feuer oder dem Erstickungstod gehört zu unserem natürlichen Verhalten. Diese Form der Angst ist lebenswichtig für unser Wohlbefinden. Man kann sie mit einer Alarmanlage vergleichen, die uns vor drohenden Verletzungs- oder Todesgefahren warnt und uns in die Lage versetzt, Hilfs- oder Abwehrmaßnahmen zu ergreifen. Die Furcht oder Angst ist unser Freund! Bei einer Phobie dagegen handelt es sich um eine irrationale Angst, die jeglicher Logik entbehrt.

38
Verwechseln Sie Angst nicht mit Sorge!

Feueralarm kann vor einer echten Gefahr warnen, aber auch mal ein falscher Alarm sein. Genauso verhält es sich mit der Angst. Das heißt: Machen Sie sich angesichts einer tatsächlich bestehenden Gefahr keine Sorgen, sondern wenden Sie die Goldene Regel Nummer zwei an! In unserer westlichen Gesellschaft gibt es nur wenige Bedrohungen, die man nicht bewerkstelligen kann. Stellt sich die Gefahr als unbegründet heraus, ist es sowieso müßig, daran noch einen sorgenvollen Gedanken zu verschwenden.

39
Häufige Ursachen von Sorgen

Lassen Sie uns sechs wichtige Gründe anschauen:

1. Wir sind von einer Person oder Organisation so abhängig, dass unser Wohlbefinden davon abhängt.
2. Wir fühlen uns körperlich oder seelisch nicht wohl.
3. Wir sorgen uns um unsere Gesundheit oder um die von Menschen, die wir lieben.
4. Wir fühlen uns schuldig.
5. Wir quälen uns mit Gedanken an etwas, das schief gelaufen ist; wir weinen über verschüttete Milch.
6. Uns plagen Zweifel und Unentschlossenheit.

40
Gewichtung

Denken Sie jetzt einmal an ein spezielles Problem, um das Sie sich im Moment sorgen oder das Ihnen in der Vergangenheit große Sorge bereitet hat. Sie werden feststellen, dass diese Sorge in eine oder mehrere der vorgenannten sechs Kategorien passt. Ich glaube, nur die Mutter eines Kindes, das behindert ist, weil sie während der Schwangerschaft geraucht hat, kann sich berechtigt aus allen sechs Gründen Sorgen machen. Für alle anderen gilt: Lassen Sie uns alle sechs Sorgenursachen beseitigen, nicht in der Reihenfolge von eins bis sechs, sondern nach Schwierigkeitsgrad geordnet. Wenden wir uns dazu der Goldenen Regel Nummer sechs zu.

41
Weinen Sie nicht über verschüttete Milch!

Wie häufig haben Sie dieses abgedroschene Sprichwort selber schon benutzt oder gehört? Nur zu gut kennen Sie auch den vergleichbaren Spruch: »Was geschehen ist, lässt sich nicht mehr ändern.« Niemand bezweifelt die Weisheit und Wahrheit solcher Redewendungen. Warum also geißeln wir uns mit dem, was wir in der Vergangenheit getan haben? Das hängt mit unserer erlittenen Gehirnwäsche zusammen, die beinhaltet: Ein Fehler ist eine Art Verbrechen, das geahndet werden muss. Und wenn uns nicht ein anderer straft, fühlen wir uns verpflichtet, uns selbst zu bestrafen.

42
Es dauert, bis der Groschen fällt

Viele, sehr viele Jahre mussten wir die Gehirnwäsche über uns ergehen lassen. Ihre Inhalte sitzen tief in uns drin. Machen Sie sich also keine Sorgen, wenn es eine ganze Zeit dauert, bis Sie sich davon befreit haben. Rom wurde auch nicht an einem Tag erbaut. Bemerken Sie, dass Sie über irgendeine verschüttete Milch heulen, klopfen Sie sich selber auf die Finger. Sie werden überrascht sein, wie gut es Ihnen tut, wenn Sie die Vergangenheit wirklich ruhen lassen, ohne sich ein Schuld-und-Sühne-Hintertürchen offen zu lassen. Sie wissen, wie dumm es ist, über verschüttete Milch zu weinen. Also trainieren Sie, mit diesem Gejammer aufzuhören.

43
Revision

Die Frage »Wenn man keine Lösung für ein ernsthaftes Problem findet, was bleibt einem da anderes übrig, als sich Sorgen zu machen?« habe ich noch nicht konkret beantwortet. Hier die Antwort: Ist das Desaster – das Negative – bereits passiert, gehört es in die Rubrik »verschüttete Milch«. Fürchten Sie nur, es könnte geschehen, und Sie haben keinen Einfluss darauf, ob es eintritt oder nicht, gibt es keinen Grund zur Sorge.

44
Goldene Regel Nummer sieben

Fürchten Sie sich nicht, einen Fehler zu begehen! »Ein Mensch, der keine Fehler macht, macht auch sonst nichts.« Auch diesem Sprichwort können wir den Wahrheitsgehalt nicht absprechen.

Vorausgesetzt, wir handeln verantwortungsbewusst und vernünftig, sind Fehler keine Verbrechen. Genauso wenig rangieren Ignoranz und Nichtwissen unter der Rubrik Straftaten. Ganz falsch ist es jedoch, schamhaft zu verschweigen, wenn wir etwas nicht wissen, nicht verstehen oder wir uns vernünftigen Argumenten verschließen. Konsequenterweise müssen wir dann auch etwas unternehmen, um die schlechte Lage zu verbessern. Unterlassen wir das, befinden wir uns auf dem falschen Weg. Sehen Sie also ein, dass Fehler kein Grund zur Sorge sind, sondern ein grundlegender Bestandteil eines sorgenfreien Lebens. Der Schlüssel dafür ist:

45
Bestimmen Sie Ihr Leben selbst!

Wie kann jemand sein Leben vollkommen selbst bestimmen? Schon morgen könnte uns ein riesiger Meteor auslöschen. Richtig. Aber das ist nicht das Leben, sondern der Tod! Damit haben Sie den Beweis für das, was ich bisher sagte. Ich erzählte Ihnen von unserem am stärksten ausgeprägten Trieb: dem Überlebenstrieb – und dem größten Geschenk: die Freude am Leben. Was ist demzufolge das Schlimmste, was uns passieren kann? Nicht mehr zu leben – tot zu sein!

46
Gehen Sie durchs Leben mit der Angst vor dem Tod?

Viele Menschen tun das, und sie führen damit ein jämmerliches Leben. Sorgen um den Tod machte ich mir nur einmal in meiner Kindheit, als er mich tatsächlich schon fast in seinen Krallen hatte. Regelrecht erwartet habe ich ihn in meinen späten Vierzigern – gelassen und ohne Besorgnis. Warum? Weil mich das Rauchen körperlich und seelisch kaputt gemacht hatte. Meine Lebensqualität lag so nahe am Nullpunkt, dass mir der Tod als eine akzeptable Alternative erschien.

47
Mache ich mir heute Sorgen ums Sterben?

Niemals! Je älter ich werde und je näher der Tod kommt, umso kostbarer erscheint mir jeder Tag. Heute fühle ich mich körperlich und seelisch stark. Ich habe gelernt, keinen dieser wertvollen Tage zu verschwenden, weder ans Weinen über verschüttete Milch noch mit Sorgen über Situationen, die ich nicht selbst in der Hand habe oder die vielleicht nie eintreten. Warum sorge ich mich nicht um meinen früher oder später bevorstehenden Tod? Warum sollte ich? Ich mache mir schließlich ja auch keine Sorgen darüber, dass ein Zweiwochenurlaub nach vierzehn Tagen endet. Manche Leute tun das. Ich dagegen konzentriere mich darauf, möglichst jede Sekunde meines Lebens in vollen Zügen zu genießen.

48
Ist der Tod das Schlimmste?

Sie können sich vielleicht noch Schlimmeres vorstellen. Genau wie ich. Der Freitod kommt aus religiösen und tausend anderen guten Gründen für die wenigsten Menschen nicht in Frage. Ich persönlich bin der Meinung, dass der Schöpfer, der mir das kostbarste Geschenk – das Leben – gewährt hat, es nicht zulässt, dass dieses Leben unerträglich wird. Wie auch immer man es sieht, der Tod ist und bleibt das schlimmstmögliche Ereignis.

49
Keine Sorgen beim Tod eines Kindes?

Wie kann man sorgenfrei leben, wenn der Tod einem ein Kind entreißt? Das ist eine ganz andere Frage. Ich offeriere Ihnen ja keineswegs ein Leben, das frei von Schicksalsschlägen bleibt. Ich verspreche Ihnen auch nicht, ein rosiges Leben voller Friede und Freude. Tragödien, Schicksalsschläge sind nicht zu vermeiden, ganz gleich, ob es sich um den Tod eines geliebten Menschen handelt oder nicht. Wir dürfen Trauer nicht mit Sorgen verwechseln. Trauer und Tränen helfen uns, einen Schicksalsschlag zu verkraften. Erleichtern Tränen nicht unseren Schmerz? Und das Weinen beweist letztlich, dass sich eine echte Tragödie ereignet hat. Übertriebenes Weinen kommt natürlich auch vor, doch das ist Masochismus und nicht Trauer.

50
Ist das Leben für den Augenblick der Schlüssel?

Ganz im Gegenteil. Das Leben vieler Menschen ist bis obenhin angefüllt mit Sorgen, weil sie nicht eine Sekunde über den Augenblick hinaus denken. Wohl niemand kann einen Traumurlaub machen, wenn er ihn nicht vorher geplant und das nötige Geld dafür verdient hat. Man kann die Ferien an sich heiß und innig lieben oder die Zeit, bis es so weit ist, genießen, aber die Arbeit, mit der man das Geld dafür verdient, hassen. Je schöner der Urlaub war, umso schwerer fällt es manchen Menschen, wieder an die Arbeit zu gehen.

51
Ruinieren Sie nicht Ihren Urlaub …

… indem Sie sein Ende bejammern. Wenn Sie das tun, verwandeln Sie ein wunderschönes Erlebnis in verschüttete Milch. Erinnern Sie sich? Es gibt keinen Grund über vergossene Milch zu weinen, also gibt es schon gleich überhaupt keinen Grund zu weinen, wenn gar nichts verschüttet wurde. Dies ist ein gutes Beispiel für die Aktivierung des positiven Denkens. Sie haben die Wahl: Entweder ertrinken Sie in dem ganzen Gejammer oder Sie denken voller Freude an die schöne Zeit zurück und genießen es, den nächsten Urlaub vorzubereiten.

52
Wie man in den Wald hineinruft, so schallt es heraus!

Ja, auch das ist ein häufig zitiertes Sprichwort, aber ebenfalls eines, in dem viel Wahrheit steckt. Denken Sie nur an den Urlaub. Sie können nur wegfahren, wenn Sie ihn planen und das nötige Geld dafür verdienen. Die Tiere in der freien Natur bringen ihren Jungen alles bei, was sie für ein glückliches Erwachsenenleben brauchen. Anstrengungen an der richtigen Stelle zahlen sich millionenfach aus! Aus all dem ergibt sich die nächste Regel.

Goldene Regel Nummer acht: Investieren Sie in die Zukunft!

Das hat offensichtlich etwas mit Geld zu tun.

53
Geld allein macht nicht glücklich

Das sagen meist die Leute, die keines besitzen. Diese Weisheit birgt jedoch mehr als ein Fünkchen Wahrheit in sich. In vielen Fällen steigert das Geld die Probleme der Reichen. So mancher reiche Mann sagt: »Ich bin mit Geld genauso unglücklich wie ohne.« Das stimmt. Wenn ich jemanden nach seinen gegenwärtigen, vergangenen oder zukünftigen Sorgen frage, ist bei den meisten das Geld die Wurzel allen Übels. Dabei spielt es keine Rolle, ob es sich um eigene Sorgen oder die ihrer Kinder oder Eltern handelt. Ja, es trifft sogar auf Menschen zu, die genügend Geld besitzen, um für den Rest ihrer irdischen Tage so zu leben, wie es ihnen gefällt.

54
Überschätzen Sie nicht den Wert des Geldes …

… unterschätzen Sie ihn aber auch nicht. Den größten Teil meines Lebens habe ich als ausgezeichnet verdienender Wirtschaftsprüfer verbracht. Dabei fühlte ich mich nicht nur unsicher und miserabel, sondern wünschte mir auch ständig, mehr Geld zu haben. Heute besitze ich nicht viel mehr Geld als damals, bin glücklich, selbstsicher und merke, dass ich mehr besitze, als ich brauche. Offensichtlich fällt es einem leichter, genügend Geld zu verdienen, wenn man sich körperlich und seelisch wohl fühlt. Lassen der Zustand des Körpers und der Seele zu wünschen übrig, kann man immer noch viel Geld herbeischaffen, man bringt es aber nicht fertig, glücklich zu sein.

55
Um reich zu sein, braucht man keine Millionen

Warum macht großer Reichtum nicht auch zwangsläufig glücklicher? Viele Menschen ackern Jahre, um reich zu werden. Dabei ruinieren sie ihre Gesundheit. Am endlich erreichten Ziel stellen sie fest: Sie besitzen keine Freunde, ihre Lebensweise gefällt ihnen nicht und an den Dingen, die sie sich leisten können, haben sie keine Freude. Legen Sie daher bei den Bemühungen, Ihr Einkommen zu steigern, besser eine etwas langsamere Gangart ein, damit Sie noch ausreichend Zeit finden, Dinge zu tun, die sie wirklich glücklich machen.

56
Verwechseln Sie nicht Verantwortung mit Stress

Aufgrund der Gehirnwäsche glaubte ich, ich würde in meinem Job als Wirtschaftsprüfer besonders viel Verantwortung tragen. Worin bestand diese grandiose Verantwortung? War es lebensbedrohend, wenn ich einen Fehler machte? Mich stresste mein Beruf ohne Ende – weil ich ihn hasste. Mit Verantwortung hatte das rein gar nichts zu tun. Bei meiner jetzigen Arbeit trage ich tatsächlich eine große Verantwortung, denn ein Fehler kostet meine Klienten ihr Glücklichsein oder sogar ihr Leben. Empfinde ich das als stressig? Nein, ganz im Gegenteil, ich liebe es!

57
Seien Sie vorsichtig mit Ihren Wünschen

So wie ich verschleudern zahlreiche Menschen unendlich viele Jahre, um sich Wünsche zu erfüllen, die ihnen per Gehirnwäsche als unbedingt erstrebenswert eingetrichtert wurden. Es ist, als ob Sie in einen reißenden Fluß fallen, dessen Strömung Sie für den Rest Ihres Lebens erbarmungslos vorantreibt. Ich rate Ihnen nicht, der modernen Gesellschaft abzuschwören, denn sie bringt uns eine ganze Menge Vorteile. Setzen Sie sich jedoch mal in Ruhe hin, und denken Sie darüber nach, was Sie wirklich von Ihrem Leben erwarten. Machen Sie sich aber jetzt keine Sorgen darüber, ob sich Ihre Wünsche jemals erfüllen werden. Halten Sie Ihre Gedanken lediglich fest, und lesen Sie erst einmal dieses Buch zu Ende.

58
Ich betrachte mich nicht als großen Schriftsteller ...

... aber als jemanden, der eine Botschaft zu vermitteln hat. Im Vorwort erzählte ich Ihnen, dass ich mir am Anfang Sorgen machte, ob meine Methode, Sie von Ihren Sorgen zu befreien, erfolgreich sein würde. Bei Rauchern funktioniert meine Methode. Doch gelingt es mir wirklich, Ihnen die wichtigen Dinge nahe zu bringen? Ich bin ein Perfektionist, pflichtbewusst und stets voller Verantwortungsgefühl für Ihr Wohl. Für einen kurzen Moment überfiel mich die Sorge, die Kommunikation zwischen uns könnte nicht reibungslos ablaufen.

59
Warum sorgte ich mich nur für einen kurzen Moment?

Weil ich mich an ein Prinzip meiner eigenen Methode erinnerte: Einen Fehler zu machen, ist kein Verbrechen. Selbst wenn mir ein Fehler unterläuft, kann nichts schief gehen. Hätte ich dieses Buch nicht geschrieben, könnten Sie nicht davon profitieren. Ich weiß, dass es unmöglich ist, die absolute Perfektion zu erreichen, deshalb mache ich mir darüber auch keine Sorgen. Aber der Versuch, nach den hundert Prozent zu streben, gewährleistet, dass ich mein Bestes gebe. Das erlaubt mir ein reines Gewissen und Sorgenfreiheit. Schämen muss man sich, wenn man nicht probiert, sein Bestes zu geben, jedoch niemand muss sich schämen, falls ihm dies nicht perfekt gelingt. Vielleicht denken Sie nun:

60
Für Allen Carr mag das ja alles zutreffen

Wie schön für ihn, dass er ein gutes Gewissen hat und sich keine Sorgen macht. Doch was passiert, wenn er seine Botschaft nicht rüberbringt? Ich bin in der glücklichen Lage, Ihnen zu sagen, dass wir beide – Sie und ich – in ein und demselben Boot sitzen: Sie wie ich haben absolut nichts zu verlieren!

Darf ich Sie an die Anleitung Nummer zwei erinnern? Sie lautet: Starten Sie in guter Stimmung! Sind Sie in guter Stimmung? Nein? Warum nicht?

61
Ist das so ein schlechtes Geschäft?

Nein, schließlich haben Sie nichts zu verlieren. Ich verspreche Ihnen, ich stelle Ihnen ein sorgenfreies Leben in Aussicht. Vielleicht liegt da Ihr Problem – es ist nur in Aussicht. Ist es nicht! Im Plan des Lebens sind Sorgen nicht vorgesehen. Demzufolge leben 99,9999 Prozent der Lebewesen auf unserem Planeten sorgenfrei. Nur das Wesen, das sich für das intelligenteste hält, produziert Sorgen. Lassen Sie uns das mal austesten.

62
Macht sich Ihr Hund Sorgen?

Die Antwort lautet zweifellos: ja. Er macht sich Sorgen, wenn die Zeit fürs Füttern oder Spazierengehen überschritten wird. Er sorgt sich, wenn Sie ihm nicht erlauben, eine heiße Hündin zu beglücken. Es bereitet ihm Sorgen, wenn Sie sich ärgern, weil er einen Ihrer Befehle nicht befolgt hat. Die allergrößten Sorgen macht er sich, wenn die Person, die er am meisten liebt, ihn alleine lässt, und er nicht weiß, ob und wann sie wiederkommt. Ihr Hund ist abhängig von Ihnen, und darauf beruhen seine Sorgen. Deshalb überschlägt er sich schier vor Freude, wenn er Sie nach längerer Abwesenheit wiedersieht.

63
Macht sich Ihre Katze Sorgen?

Nein! Zu diesem Schluss bin ich gekommen, nachdem ich in einer eiskalten Nacht mein warmes Bett verlassen und einer streunenden Katze die Haustür öffnen musste, um sie hereinzulassen. Diese Samtpfote hatte eine Woche vorher beschlossen, sich bei uns einzunisten. Erfreut über den neuen Hausgenossen, installierte ich an der Hintertür eine perfekte Katzenklappe. Doch die Katze strafte diese praktische Einrichtung nur mit Verachtung. Vielmehr schien es ihr eine diebische Freude zu bereiten, gemächlich mit hoch erhobenem Schwanz durch die Vordertür zu schreiten, während ich vor Kälte zitternd darauf wartete, die Tür endlich wieder schließen zu dürfen. Ich glaube, diese Katze führt ein Leben frei von Sorgen.

64
Keine Sorgen zu haben …

… heißt, ein selbstbestimmtes Leben zu führen. Das bedeutet, nicht irgendetwas oder irgendjemandem hörig zu sein. Also zu glauben, ohne etwas Bestimmtes nicht leben zu können. Darunter fällt zum Beispiel alles, was uns davon abhält, genügend Zeit und Geld für Entspannung, Unterhaltung, Sport und Hobbys aufzuwenden. Es schließt auch diese Einsicht ein: Über mögliche Schwierigkeiten, auf die wir selbst keinerlei Einfluss haben, müssen wir uns keine Sorgen machen. Allerdings können wir uns nicht allen Sorgenverursachern aus dem Bereich der Abhängigkeiten entziehen.

65
Jemand ist abhängig von uns

In einer der schlimmsten Abhängigkeiten lebt wahrscheinlich ein allein erziehender Elternteil, der ein behindertes Kind zu betreuen hat. Die größte Sorge der Mutter oder des Vaters dürfte sein: Was wird aus meinem Kind, wenn ich vor ihm sterbe?

Muss ich nun angesichts dieser zweifellos berechtigten Sorge einen Rückzieher mit meinem »Frei-von-Sorgen-Versprechen« machen? Nein, schließlich habe ich nicht versprochen, dass jedermann ohne bedrückende Ereignisse durchs Leben gehen kann. Ich habe vielmehr gesagt: Machen Sie sich über Schwierigkeiten keine Sorgen, weder über die Möglichkeit, dass sie vorkommen könnten, noch nachdem sie eingetreten sind. Lassen Sie mich das anhand einiger Beispiele erklären.

66
Sie müssen Ihren Hund in Pflege geben

Fangen wir mit einem einfachen Beispiel an. Sie möchten einen Urlaub machen, bei dem Sie Ihren Hund nicht mitnehmen können. Demzufolge bleibt Ihnen nur die Wahl: Sie geben Ihren Hund in Pflege und finden sich damit ab, dass er unter der Trennung leidet. Oder Sie verzichten auf diesen Urlaub. So oder so – Sie müssen sich entscheiden, aber keine Sorgen machen. Das heißt, verwechseln Sie das Nachdenken nicht mit Sorgen. Ganz gleich, wie Sie sich entscheiden, ob Sie dem Hund den Trennungsschmerz ersparen oder ob Sie auf Ihre Ferien ohne Hund verzichten, beides ist kein Grund zur Sorge. In dem Moment, in dem Sie sich entschieden haben, ist jede Sorge nur ein Weinen über verschüttete Milch. Fahren Sie in Urlaub, wäre es doch ausgesprochen dumm, sich diese schöne Zeit zu verderben, indem Sie sich Sorgen über den Kummer Ihres Hundes machen.

67
Sind Entscheidungen nicht ein Grund zur Sorge?

Ja, aber nur, wenn Sie fürchten, die falsche Entscheidung zu treffen. Damit müssen wir uns auseinander setzen! Ausschließlich der Zweifel und die Unsicherheit verursachen die Sorge. Mit anderen Worten: *Keine* Entscheidung zu treffen, ruft Sorgen hervor. Auch damit müssen wir uns befassen! Wägen Sie das Pro und Kontra ab. Besorgen Sie sich jede Information, die Sie brauchen könnten. Kristallisiert sich dann nicht eine hundertprozentig perfekte Entscheidung heraus, so ist das egal und auf jeden Fall besser als gar keine. Erweist sich eine Entscheidung als vollkommen falsch, muss man sich nicht selbst bestrafen, indem man über verschüttete Milch weint. Betrachten Sie es als Lernprozess, und vermeiden Sie, den gleichen Fehler noch einmal zu machen.

68
Wie kann man die Sorgen über Schmerzen vermeiden?

Hierbei den entscheidenden Unterschied zu begreifen, fällt Ihnen vielleicht schwer. Genau genommen sorgen wir uns nicht über Schmerzen in dem Moment, in dem wir sie spüren. Paradoxerweise vergessen wir bei wirklich starken Schmerzen alle Sorgen. Als ich einmal eine ganze Woche lang unter qualvollen Zahnschmerzen litt, war ich körperlich ein Wrack. Die höchst unerfreulichen Schmerzen raubten mir jeden Gedanken, Sorgen jedoch machte ich mir nicht über sie. Um das Problem zu lösen, vereinbarte ich einen Termin mit dem Zahnarzt. In der Zwischenzeit blieb mir keine andere Wahl, als mich mit den Schmerzen abzufinden. Was hätte es genutzt, wenn ich mir Sorgen über die Schmerzen gemacht hätte? Nichts! Das hätte die Situation nur noch verschlimmert.

69
Warum man sich dennoch Sorgen über Schmerzen macht

Vor vielen Jahren, als ich meine Methode noch nicht entdeckt hatte, plagte ich mich monatelang mit starken Zahnschmerzen. Warum? Weil mich der Gedanken an den Zahnarztbesuch in größte Sorge versetzte. Warum verlängerte ich mein Leiden und machte mir Sorgen über eine praktisch schmerzlose Behandlung? Damals beherrschte mich noch die Gehirnwäsche: Ich machte mir Sorgen, weil ich dachte, die nicht ganz eindeutig definierbaren Schmerzen könnten Anzeichen für eine Krebserkrankung sein. Was natürlich nicht stimmte. Warum also quälte ich mich mit Sorgen? Weil es vielleicht Krebs hätte sein können? Ja, genau deshalb. Doch waren meine Sorgen zu irgendetwas gut?

70
Ehescheidungen und Sorgen

Ich kenne ein Ehepaar, bei dem der Mann mit der ganzen Situation in seiner Ehe nicht mehr fertig wurde. Er verließ seine Familie, suchte den Ausweg in der Flasche und wirkt jetzt so glücklich wie ein verlassener Hund. Ich verurteile ihn nicht. Auf den Schultern seiner Frau lastet jedoch nun alle Verantwortung. Obwohl es sich nicht übersehen lässt, unter welchem Druck sie steht und wie ihre Lebensqualität eingeschränkt wurde, bleibt sie vergnügt und zuversichtlich. Eine Mutter, die ihr Bestes für ihre Kinder gibt, solange sie lebt, und für den Fall ihres Todes Vorsorge trifft, muss sich eben keine Sorgen machen.

71
Ich bin ein glücklicher Mensch!

Jetzt denken Sie vielleicht: »Wie schön für Allen Carr, dass er sich glücklich schätzen kann. Wenn ich sein Geld hätte, könnte ich viele meiner Sorgen loswerden.«

Es klingt für Sie vielleicht seltsam, aber heute würde ich mich selbst als Obdachloser nicht arm fühlen. Als ich ein wohlhabender Wirtschaftsprüfer war, fühlte ich mich nie reich. Mein Glücklichsein hängt nicht mit Geld zusammen, sondern basiert auf der Tatsache, dass ich eine Methode entdeckt habe, mit der ich mir und anderen helfen kann.

72
Wie sich mein Leben veränderte

Ich glaubte früher, die Menschen seien körperlich schwächer als die Tiere in freier Wildbahn. Außerdem fühlte ich mich intellektuell und sozial vielen anderen Menschen unterlegen. Meine Methode hat mein körperliches und intellektuelles Potenzial nicht verändert, aber sie hat mich Folgendes gelehrt: Es gibt eine Art Gehirnwäsche, die uns Menschen beherrscht, der man sich aber entziehen kann. Und ich bin genauso stark wie die wild lebenden Tiere – und habe wesentlich mehr Verstand, als ich dachte. Aus diesen Erkenntnissen ergibt sich sowohl die **Goldene Regel Nummer neun** als auch der Schlüssel zum Leben ohne Sorgen: Es gibt keinen Grund, sich Sorgen zu machen!

73
Auch Sie sind ein glücklicher Mensch!

Die vorgenannten Fakten treffen auch auf Sie und jeden anderen zu. Sie haben meine Methode kennen gelernt, und ob Sie Nutzen daraus ziehen, hat mit Glück nichts zu tun. Ausschlaggebend ist, ob Sie die Anleitungen sowie die Goldenen Regeln verstehen und in der Lage sind, ihnen zu folgen. Die **Goldene Regel Nummer zehn** lautet: Kümmern Sie sich darum, die Erkenntnis, dass ungemein viel körperliches und geistiges Potenzial in Ihnen steckt, in Taten umzusetzen.

74
Berge schrumpfen zu Hügeln

Bevor ich meine Erfolgsmethode entdeckte, verwendete ich viel Zeit darauf, mir über alle möglichen Kleinigkeiten Sorgen zu machen und Hügel in Berge zu verwandeln. Oder anders ausgedrückt: aus einer Mücke einen Elefanten zu machen. Fühlen Sie sich stark – körperlich, seelisch und mental –, bewältigen Sie sogar schlimme Rückschläge, anstatt sich an irgendeinen letzten Strohhalm zu klammern, der Ihnen womöglich das Genick bricht. Sie nehmen die höchsten Hürden! Fühlen Sie sich stark wie ein urzeitlicher Tiger – so fühle ich mich!

75
Älterwerden ist schrecklich!

Diesem Ammenmärchen gehen viele Menschen auf den Leim. Ein Kind sagt: »Ich bin siebeneinhalb Jahre alt.« Das halbe Jahr ist dem Kind wichtig, denn es möchte älter erscheinen. Bevor wir uns versehen, drehen wir den Spieß um und wünschen uns, jünger zu sein. Aufgrund dieser leidigen Gehirnwäsche betrachten wir das Älterwerden als eine Art schleichende Krankheit. Tiere zählen nicht die Lebensjahre, daher kommt dieses Problem bei ihnen gar nicht erst auf. Und Sie sollten es auch nicht haben, denn wenn Sie sich körperlich, seelisch und geistig gesund fühlen, ist es vollkommen egal, ob Sie zwei oder zweiundneunzig Jahre alt sind.

76
Da gibt es aber ein großes Wenn!

Nein, gibt es nicht. Wir sind aus dem gleichen Stoff, aus dem die Tiger sind. Wie sonst hätten wir es geschafft, unseren ganzen Planeten zu bevölkern, einschließlich der Regionen mit extremem Klima? Als ich Anfang zwanzig war, dachte ich, das Alter hätte schon begonnen. Mit vierzig fühlte ich mich wie ein uralter Mann. Überrascht Sie das? Mich nicht, denn ich hatte seit meiner Jugend sowohl meine Lunge als auch meine Leber vergiftet, und ich schleppte gut fünfundzwanzig Pfund Übergewicht mit mir herum, weil ich mich nur von Junkfood ernährte. Das Wunder besteht nicht darin, dass ich mich damals träge, uralt und miserabel fühlte, sondern dass ich das alles überlebt habe.

77
Die stärkste Maschine der Welt

Das ist Ihr Körper! Im Durchschnitt hält er mehr als sechzig Jahre durch, obwohl Sie ihn täglich missbrauchen. Ohne diesen Missbrauch könnte er mehr als hundert Jahre überleben – gesund, munter und fit. Warum treiben wir stattdessen mit unserem Körper solch einen Raubbau? Weil er so stark ist und den Missbrauch aushält, sehen wir keinen Grund, etwas zu ändern. Der eigentliche Grund aber ist:

78
Wir wählen das kürzere, aber schönere Leben

Wie oft haben Sie schon den Ausspruch gehört: »Das ist doch die einzige Freude in meinem Leben!«? Man muss nicht Sherlock Holmes sein, um herauszufinden, von wem er kommt. Es sind Menschen, die man auf die Entwöhnung vom Rauchen oder Alkohol oder auf ihre übermäßige beziehungsweise falsche Ernährung anspricht. Das liegt wieder mal an unserer Gehirnwäsche, die uns beschert hat, dass wir Nikotin und Alkohol als Freude, Genuss und/oder als eine Krücke empfinden. Ihr verdanken wir auch unser Essverhalten nach dem Motto: »Die einzige Nahrung, die schmeckt, ist die gesundheitsschädlichste.«

79
Aha, das ist der Haken an der Geschichte!

Auf den ersten Blick sieht es wohl so aus, denn jetzt ziehen Sie vielleicht folgende Schlussfolgerungen: Um endlich frei von Sorgen zu sein, müssen Sie auf Nikotin und Alkohol verzichten. Und Sie dürfen nur noch gesunde Nahrung wie Obst und Gemüse zu sich nehmen. Möglicherweise argwöhnen Sie auch, ich wolle Sie verführen, meine anderen Bücher zu kaufen, damit Sie diese »Verzichtsforderungen« erfüllen können. Ich versichere Ihnen: Nichts davon trifft zu! Mit derartigen Ansinnen würde ich Ihren Sorgenberg ja nur vergrößern, statt ihn abzutragen. Noch niemals habe ich einen Raucher überredet, mit dem Rauchen aufzuhören, ich mache es ihm nur leicht, es zu tun.

80
Sie müssen nichts aufgeben!

Ich habe das Rauchen, den Alkohol und die falsche Ernährung nur erwähnt, weil sie ein zentraler Bestandteil der Gehirnwäsche sind und uns körperlich wie mental schwächen. Jeder Betroffene weiß: Bevor wir mit dem Rauchen und/oder Trinken angefangen haben, konnten wir Feste oder gesellschaftliche Anlässe problemlos genießen. Wir waren auch in der Lage, mit unserem Stress umzugehen. Dass Nichtraucher und Nichttrinker dazu weder Alkohol noch Nikotin benötigen, wissen wir auch nur zu gut. Wer sich von seinen Sorgen befreien will, muss begreifen, dass Mutter Natur uns selbst – unseren Körper – mit natürlichen »Drogen« ausgestattet hat, die wir brauchen, um mit unserem Leben zurechtzukommen und es zu genießen.

81
Können Sie sich ein Leben ohne Ihre Sinne vorstellen?

Schlimm genug, wenn jemand blind, taub oder geistig behindert auf die Welt kommt. Nun stellen Sie sich mal jemanden vor, bei dem nicht nur alle drei Einschränkungen vorliegen, sondern dem außerdem noch der Tast-, Geruchs- und Geschmacksinn fehlen. Wir betrachten Furcht, Angst, Hunger, Durst oder Schmerz als unsere Feinde, dabei sind es unsere lebenswichtigen Alarmanlagen, die uns vor Gefahren warnen und uns vor dem Verhungern oder Verdursten bewahren. Schmerzen empfinden wir als äußerst unangenehm, aber auch sie warnen uns, dass mit unserem Körper irgendetwas nicht in Ordnung ist. Alle unsere Sinne sind darauf ausgerichtet, uns vor Schaden zur bewahren, und sie versetzen uns gleichzeitig in die Lage, dessen Folgen zu beseitigen oder zu lindern.

82
Wir sind gar nicht so zerbrechlich!

Ein Fernsehapparat ist ein höchst komplexer, technisch hoch entwickelter Gegenstand. Wirft man ihn auf einen Betonboden, funktioniert er nicht mehr. Mit so einem Wunderwerk der Technik vergleichen manche Leute unseren Körper. Wir halten ihn für so hoch entwickelt und so kompliziert, dass wir glauben, er sei ungemein zart, schwach und zerbrechlich. Babys sind für uns zerbrechliche Wesen, dabei haben schon viele von ihnen schwere Verkehrsunfälle als Einzige überlebt. Allen Ärzten ist bewusst, dass die gewaltigste heilende Kraft nicht die Pillen sind, die sie verschreiben, sondern unser Immunsystem. Unser Körper versorgt uns automatisch mit den geeigneten »Drogen«, wie zum Beispiel Adrenalin, und das immer zur rechten Zeit und in der richtigen Dosierung.

83
Viele Ärzte machen sich Sorgen

Aus den Errungenschaften der industriellen Revolution ziehen wir unseren Nutzen, wir müssen dafür aber auch bezahlen, zum Beispiel mit der Umweltverschmutzung und dem Schwund unserer natürlichen Ressourcen. Viele Ärzte fürchten daher auch, dass die Erreger scheinbar ausgerotteter Krankheiten wie Pocken oder Kinderlähmung in einer weitaus gefährlicheren Form überleben. Antibiotika scheinen ihre Wirkung verloren zu haben. Wir dürfen nicht vergessen, dass ein Großteil der Krankheiten von der modernen Medizin eher verursacht als geheilt wird. Sind wir nicht dabei, unser Immunsystem zu zerstören? Haben Sie nicht auch bemerkt, dass die Wissenschaftler mehr Krankheiten als Heilmöglichkeiten entdecken?

84
Ach, diese wunderbaren Pillen

Mir wurde per Gehirnwäsche eingetrichtert, Verdauungsbeschwerden wie Durchfall und Verstopfung seien völlig normal. Mein Arzt verschrieb mir über Jahre bereitwillig Pillen. Ich musste fünfzig werden, bis ich begriff: Das wahre Heilmittel für meine Verdauungsprobleme ist die Veränderung meines Essverhaltens. Die Mediziner sind doch die Ersten, die dafür plädieren: Vorbeugen ist besser als heilen. Sie wissen auch, dass falsche Ernährung, Nikotin, Alkohol und Umweltverschmutzung zu den Hauptverursachern der modernen »Killerkrankheiten« wie Krebs und Herzerkrankungen zählen. Und jeder von ihnen kennt die möglichen Vorbeugemaßnahmen. Warum, um alles in der Welt, versteifen wir uns auf die Magie der Pillen, anstatt auch nur die einfachste Vorbeugung zu betreiben und an das Naheliegende zu denken?

85
Der Wert eines soliden Fundaments

Wie dumm es ist, ein Haus auf Sand zu bauen, weiß jeder. Wie ein Gebäude brauchen auch wir solide Grundlagen, um ein sorgenfreies Leben führen zu können. Den Grundstein bildet die körperliche, seelische und mentale Gesundheit. Sie ist der Schlüssel zu allen anderen Bausteinen unseres Fundaments. Wie erreichen wir diese stabile Basis? Indem Sie sich daran erinnern, dass uns die Gesundheit in die Wiege gelegt wurde und nur diese Gehirnwäsche uns dazu bringt, uns selbst zu schwächen.

86
Körperliche Stärke

Niemand muss so kraftvoll wie Arnold Schwarzenegger sein, niemand braucht mit Tigern oder Ringern zu kämpfen. In unserer modernen westlichen Gesellschaft zählte die mentale, die geistige Stärke. Doch die erreichen Sie nie, wenn es Ihnen an Energie und körperlicher Gesundheit mangelt. Die simple Lösung liegt auf der Hand: Lassen Sie alles sein, was Ihnen Kraft und Gesundheit raubt, und trainieren Sie Ihren Körper auf sanfte Weise.

87
Also doch auf Nikotin und Alkohol verzichten?

Nein, das brauchen Sie nicht, genauso wenig wie Sie sich täglich zwei Stunden lang mit einem schweißtreibenden Fitnessgerät abplagen müssen. Machen Sie sich ruhig das Leben leichter, indem Sie eine gemächliche Sportart – wie Golf oder Bowling – betreiben. So können Sie sich fit halten und gleichzeitig die Aktivität genießen. Gewiss gibt es viele topfitte Leute, die rauchen und Alkohol trinken. Doch vergessen Sie nicht: Die meisten Menschen hören mit dem Rauchen und Trinken auf, weil sie es leid sind, sich ständig schlapp und träge zu fühlen. Für mich geht nichts über den Genuss, fit und sorgenfrei zu leben!

88
Und wenn jemand körperbehindert ist?

Das bringt nicht zwangsläufig körperliche Schwäche und Energielosigkeit mit sich. Denken Sie nur mal an die Teilnehmer der Paralympics, den Weltspielen der Behinderten. Da sehen Sie, zu welcher Fitness und Energie behinderte Menschen fähig sind. Energie ist eine wunderbare Sache und viel wertvoller als alles Geld dieser Welt. Was nutzt Ihnen das Geld, wenn Sie sich trotzdem elend fühlen? Energie schenkt Ihnen die Freude am Leben, ganz gleich, ob Sie arm oder reich sind. Und Sie hilft Ihnen, finanzielle Sicherheit zu erlangen.

89
Und wenn jemand geistig behindert ist?

Diesen Menschen hat Mutter Natur in ihrer Güte so wenig Intellekt verliehen, dass sie sich über ihre Behinderung keine Sorgen machen. Auch die Dinge, die intelligentere Menschen in ein Meer von Sorgen stürzen, berühren sie nicht. Doch wenn Sie in der Lage sind, dieses Buch zu lesen, dann steckt das Potenzial in Ihnen, im Bereich der Intelligenz zur Höchstform aufzulaufen.

90
Vom Deppen zum Genie

»Du bist ein Idiot!« Das habe ich in meinen jungen Jahren häufig zu hören bekommen – und ich glaubte es damals selber. Seit ich meine Erfolgsmethode entdeckt habe, hält man mich für ein Genie. Glaube ich das jetzt auch von mir? Nein, keineswegs. Ich bin derselbe Mensch geblieben. Als junger Mann fühlte ich mich verunsichert und ließ mich von den Sticheleien beeinflussen. Heute – erwachsen, stark und voller Energie – genieße ich die Komplimente, hege aber nicht den Wunsch oder das Bedürfnis, mir selber weiszumachen, ich sei etwas anderes als ein ganz normaler Mensch. Gelernt habe ich – und das sollten Sie auch tun –, dass ein normaler Mensch wirklich etwas ganz Besonderes ist.

91
Möchten Sie im Lotto gewinnen …

… oder ein Champion sein? Selbstverständlich möchten Sie das, genau wie ich und jeder andere Mensch auf diesem Planeten. Doch Sie können auch so stolz auf sich sein. Schließlich sind Sie auf der Welt, weil sich das Spermium, dem Sie Ihr Leben verdanken, gegen die Millionen anderer Spermien durchsetzen und das Ei befruchten konnte. Vielleicht war ein bisschen Glück dabei, aber es zeugt immerhin von einem beachtlichen Stehvermögen. Noch nicht einmal die Teilnehmer der Olympiade müssen gegen millionenfache Konkurrenz antreten. Wirklich, jeder von uns ist etwas ganz Besonderes!

92
Nicht jeder kann eine Erfolgsmethode entdecken

Zugegeben, ich bin sehr glücklich, dass mir das gelungen ist. Manche Menschen meinen, es gäbe heutzutage kaum noch Möglichkeiten, irgendetwas zu entdecken. »Unsinn!«, kann ich dazu nur sagen. In dem gleichen Maße wie die technologischen Entwicklungen voranschreiten, erhöhen sich die Chancen für neue Entdeckungen. Für ein Baby bedeutet es einen Erfolg, laufen und sprechen zu lernen. Stellen Sie sich mal sein Leben vor, wenn es das nicht getan hätte. Dieser anfängliche Erfolg zahlt sich tausendfach aus.

93
Mein Lieblingscartoon ...

... zeigt einen jungen Mann an seinem ersten Arbeitstag im Unternehmen seines Vaters. Der Vater sagt: »Den Vormittag verbringst du mit Herrn Jones, unserem Exportmanager. Ich will, dass du alles lernst, was er weiß. Heute Nachmittag wirst du dann ...« Herrn Jones sieht man an, wie wenig ihn dieses Anliegen begeistert. Aber sein Chef wendet sich an ihn und meint: »Wenn ein Topangestellter seine fünfzig Jahre Erfahrung herauskehrt, meint er in Wirklichkeit: ›Was ich in fünfzig Jahren gelernt habe, kann ich dir nicht in drei Wochen beibringen‹.«

94
Finanzielle Sicherheit ...

... ist ein Schlüssel für ein sorgenfreies Leben. Die wenigsten Millionäre jedoch sind Finanzgenies, die ihre Karriere als »Geldmacher« zielstrebig planten. Häufig handelt es sich um Leute, die keine vernünftige Stelle bekommen konnten und sich durchbeißen mussten. Manchen fiel eine gute Idee in den Schoß, die sie reich machte. Einige verließen ihre Heimat, weil sie dort keine Arbeit fanden, und sie machten ihr Glück in einem anderen Land. Andere arbeiteten für irgendjemanden und dachten sich dann: »Das kann ich alleine doch viel besser.«

95
Lernen

Viele von uns glauben aufgrund der Gehirnwäsche, wir könnten ja nicht alles haben. Oder wir trauen uns nicht zu, etwas zu lernen. Oder wir fürchten, einen Fehler zu begehen. Wenn Sie mehr aus Ihrem Leben machen möchten, müssen Sie erkennen, dass Sie absolut nichts zu verlieren haben. Betrachten Sie das Anhäufen von Wissen als das, was es ist: als eine spannende und vergnügliche Herausforderung – als eine Investition in ein glücklicheres Leben. Fangen Sie an, darüber nachzudenken, was Sie gerne tun möchten und was Sie dafür brauchen. Reden Sie mit Ihren Freunden darüber. Und denken Sie daran: Nur die Menschen sind wirklich dumm, die fürchten, dumm dazustehen.

96
Was Hänschen nicht lernt, lernt Hans nimmermehr

Das stimmt nicht! Die **Goldene Regel Nummer elf** lautet: Zum Lernen ist es nie zu spät. Andere volkstümliche Ratschläge unterstützen diese Regel, zum Beispiel »Erst wägen, dann wagen!« oder »Wer wagt, gewinnt!« oder »Wer zögert, hat schon verloren!«

Bereits im Teenageralter hätte ich die Kontrolle, die Selbstbestimmung, über mein Leben übernehmen müssen. Gibt es irgendeinen logischen Grund dafür, es nicht doch noch in meinen späten Fünfzigern zu tun? Denken Sie positiv: Sie haben nichts zu verlieren, aber unendlich viel zu gewinnen!

97
Ja, ich widerspreche mir selbst!

Ich habe erklärt: Sich unabhängig zu fühlen, zählt zu den Schlüsseln zum sorgenfreien Leben. Das stimmt. Aber so wie man für die finanzielle Unabhängigkeit ein ausreichendes Einkommen erzielen muss, braucht man als Mensch genügend wahre Freunde.

98
Niemand lebt allein auf einer einsamen Insel

Reden wir Klartext. In den ersten Wochen unseres Lebens verfügen wir nur über eine einzige Freundin. Unsere Mutter. Zu behaupten wir brauchten sie nicht, wäre grotesk. Auf ihre Wärme, ihre Nahrung, ihre Pflege und die Sicherheit, die sie vermittelt, konnte niemand verzichten. Während des Heranwachsens verringert sich diese Abhängigkeit. Das bedeutet aber noch lange nicht, dass wir vollkommen unabhängig werden und niemanden mehr benötigen. Ein Kind, das keine Freunde hat, empfindet seine Schulzeit nicht als die schönste Zeit in seinem Leben. Wir brauchen Freunde! An dieser Tatsache kommt keiner vorbei. Ohne meine Freunde wäre mein Leben nicht so schön.

99
Also doch kein selbstbestimmtes Leben?

Selbstverständlich führe ich heute ein selbstbestimmtes Leben. Jeder meiner Freunde ist etwas Besonderes, aber ich bin nicht abhängig von einem speziellen Freund. Früher konnte ich nur einen einzigen guten Freund finden, der sich dann als nicht der beste herausstellte (davon habe ich Ihnen ja schon erzählt). Heute erlebe ich es genau umgekehrt. Mein Leben ist so erfüllt, dass ich kaum Zeit finde, zusätzliche Freundschaften zu pflegen. Frage: Wie würden Sie denn einen guten Freund beschreiben?

100
Einer, der Sie mit all Ihren Fehlern und Schwächen liebt?

Sie könnten sich glücklich schätzen, wenn Sie so einen Freund fänden. Doch ist er wirklich so erstrebenswert? Lassen Sie uns die Sache mal umgekehrt betrachten: Nehmen wir an, Sie suchen etwas, was Sie brauchen, zum Beispiel ein neues Auto. Würden Sie da eines nehmen, das voller Fehler steckt?

101
Was erwarten Sie von einem Freund?

Soll er interessant und unterhaltsam sein? Ein angenehmes Wesen besitzen? Soll er die gleichen Interessen und den gleichen Humor haben wie Sie? Einer, der nicht den Vornehmen herauskehrt? Der Ihnen zuhört, wenn Sie Probleme haben? Der Ihnen Zuneigung und Trost gibt, wenn Sie sich schlecht fühlen? Der immer für Sie da ist, wenn Sie ihn brauchen? Der immer ehrlich zu Ihnen ist? Der Sie uneingeschränkt liebt? Möchten Sie mehrere Freunde in dieser Art haben? Kein Problem:

102
Machen Sie sich selbst zum guten Freund!

Dazu bedarf es wie beim Erlangen finanzieller Sicherheit einiger Anstrengungen, aber die Belohnung ist um einiges größer. So einen Freund mit all den beschriebenen Eigenschaften möchten nicht nur Sie, sondern den wünscht sich jeder Mensch auf dieser Welt. Daraus folgt: Wenn Sie sich selbst zu so einem Freund machen, dann möchte Sie jeder zum Freund haben. Möchten Sie nicht auch jedes Auto kaufen, das Ihnen gefällt? Freunde sind natürlich viel wichtiger als Autos. Aber würden Sie nicht gern jeden Freund haben, den Sie sich wünschen? Das können Sie: Benutzen Sie Ihr Gehirn!

103
Wir alle haben Fehler …

… und niemand ist vollkommen. Sagen Sie nicht kategorisch: »Du musst mich so nehmen wie ich bin!« oder »Wenn du mich nicht magst, kannst du mir den Buckel runterrutschen!« Ihre Familie, Ihre Freunde und Kollegen fänden es wesentlich angenehmer, wenn Sie etwas gegen Ihre Fehler unternehmen würden. Der entscheidende Punkt dabei ist: Sie müssen es wollen! Das würde auch Ihre Aussichten bei der Partnersuche erheblich verbessern.

104
Partnersuche

Ich spreche nicht von einem Geschäftspartner, sondern von einem Freund, einer Freundin oder einem Ehepartner. Damit hatte ich als junger Mann so meine Probleme. Der Traummann war damals groß, dunkelhaarig und gut aussehend – so wie Cary Grant, Gregory Peck oder Clark Gable. Ich war klein, blond und hässlich. In den Zeiten, als es noch keine Discos gab, gehörte schon eine ganze Menge Mut dazu, als junger Mann quer durch den Tanzsaal zu stiefeln, um ein Mädchen zum Tanz aufzufordern. Riskierte man doch, in aller Öffentlichkeit einen Korb zu bekommen.

105
Ist Schüchternheit ein Fluch?

Nein, wirklich nicht. So wie die Angst uns vor körperlichem Schaden bewahrt, schützen uns Schüchternheit und Hemmungen vor Demütigungen. Hugh Grant schlägt aus seiner Schüchternheit sogar Kapital. Man muss nur selber begreifen, dass Schüchternheit etwas absolut Natürliches ist und sehr viele andere Menschen ebenfalls schüchtern sind.

106
Körperliche Unzulänglichkeiten sind kein Handicap

Viele junge Mädchen behaupten, sie würden den inneren Werten mehr Bedeutung beimessen als dem Aussehen. Ich habe ihnen noch nie geglaubt. Testen Sie sich mal selber: Denken Sie an die Menschen, die Sie am meisten bewundern, und fragen Sie sich, ob Sie deren Aussehen oder deren Charakter bewundern. Nichtsdestotrotz habe ich als kleiner, blonder, hässlicher Mann die Hand des schönsten Mädchens auf der ganzen Welt gewonnen.

107
So, wo stehen wir jetzt?

Wenn Sie sich erst einmal körperlich fit und voller Energie fühlen, Ihr Wissen so bereichert haben, dass Sie sich finanzielle Sicherheit schaffen können, Ihr Gehirn aktiviert haben, um aus sich eine angenehme Person zu machen, und dann noch den Goldenen Regeln folgen, haben Sie den allergrößten Teil der Sorgenverursacher aus dem Weg geräumt. Es bleibt nur ein Grund zur Sorge übrig:

108
Die Sorge um einen geliebten Menschen

Hier die klassische Situation: Sie lieben einen Menschen über alles, aber aus unerfindlichen Gründen macht er Ihnen das Leben zur Hölle. Der Hund beißt sich in den Schwanz. Könnten Sie erst einmal körperliche und mentale Kraft schöpfen, ließe sich die Situation leichter bewältigen. Aber wie soll Ihnen das gelingen, wenn die Person Ihnen Ihr Leben so vermiest?

109
Zweifel und Unsicherheit …

… sind die eigentliche Wurzel des Übels. Sprechen Sie darüber, was Ihnen an der Person so zu schaffen macht. Sie werden vielleicht feststellen, dass Ihr eigenes Verhalten zu dem Problem beiträgt. Wenn das nichts nützt, und Sie kommen zu dem Schluss, dass sich etwas ändern muss, müssen Sie eine Entscheidung treffen. Ganz gleich, wie sie ausfällt, Sie müssen damit glücklich sein, anderenfalls bleiben Zweifel und Unsicherheit bestehen.

110
Wie kann man sich um seine Kinder *keine* Sorgen machen?

Habe nur ich den Eindruck, dass die Kinder uns heutzutage mehr Sorgen machen als wir unseren Eltern?

Goldene Regel Nummer zwölf: Bringen Sie Ihren Kindern alles bei, was ich Ihnen bisher erklärt habe, damit sie schnell erwachsen werden und ihr Körper und Geist viel Kraft gewinnt. Dann müssen Sie sich keine Sorgen um sie machen. Es gibt noch einige andere wichtige Dinge aus der Welt zu schaffen.

111
Müßiggang und Langweile sind der Nährboden für Sorgen

Stärken Sie Ihren Körper und Ihren Geist, dann erlangen Sie die Energie und die finanziellen Mittel, um in den Genuss der **Goldenen Regel Nummer dreizehn** zu kommen: ein erfülltes, aktives, produktives, glückliches und sorgenfreies Leben zu führen. Dann sind Sie so mit Ihrer Freude an sich selbst beschäftigt, dass Sie gar keine Zeit für Sorgen finden. Ist das nicht eine sehr selbstsüchtige Haltung?

Nein, ist es nicht!

112
Unser Gewissen macht uns zu Feiglingen

Als Kind habe ich diese Aussage nie begriffen. Attackierte mich ein Rabauke, ergriff ich instinktiv die Flucht und nahm es in Kauf, als Feigling gebrandmarkt zu sein. Noch mal gesagt: Zweifel und Verwirrung gebären Sorgen.

Ich glaube heute nicht mehr, dass mein Schöpfer jede meiner Handlungen beobachtet und dass es ein Jüngstes Gericht gibt. Nicht leugnen kann ich jedoch: Mein Schöpfer hat mich nicht nur mit dem Leben, sondern auch – ob ich will oder nicht – mit einem Gewissen gesegnet. Die **Goldene Regel Nummer vierzehn** lautet daher: Akzeptieren Sie, dass Sie ein Gewissen haben und dass Sie glücklicher leben, wenn Sie sich von ihm leiten lassen.

113
Ehrlichkeit währt am längsten

Goldene Regel Nummer fünfzehn: Verbrechen zahlt sich nicht aus! Das versichere ich Ihnen! Zu den weit verbreiteten Irrtümern gehört die Meinung, man könne Millionen nur scheffeln, wenn man das Finanzamt betrügt und seinen Angestellten einen schändlichen Lohn bezahlt. Das ist der reinste Blödsinn. Jeder kennt ein Unternehmen, dessen Erfolg auf begehrten Qualitätsprodukten, vernünftigen Preisen und einem guten Service beruht. Wird dieser Standard verlassen, geht es den Bach hinunter. Das läuft so im Geschäftsleben genau wie im Alltag eines jeden Menschen.

114
Ein gutes Gewissen ist das beste Ruhekissen

Jedes erfolgreiche Unternehmen weiß den Wert seiner Angestellten zu schätzen. Bezahlt man sie nicht angemessen und behandelt man sie nicht mit Respekt und Ehrlichkeit, verliert man sein größtes Kapital. Kriminelle fürchten sich ständig davor, erwischt zu werden. Als Wirtschaftsprüfer habe ich einige Leute kennen gelernt, die sich sträubten, ihre Steuern ordnungsgemäß zu bezahlen, und am Ende verwandelte sich ihr Reichtum in Elend. Es kommt einen teuer zu stehen, wenn man den Menschen nicht mehr in die Augen schauen und nicht ruhig schlafen kann. Ein reines Gewissen dagegen ist ein geringer Preis für ein Leben ohne derartige Sorgen.

115
Ein Feigling stirbt tausend Tode

Ich brauche das Jüngste Gericht nicht. Ich habe schnell gelernt, dass ich mich selbst am härtesten bestrafte, wenn ich einmal nicht die moralische Kraft hatte, meinem Gewissen zu folgen. Sich vom Gewissen leiten zu lassen und dementsprechend zu handeln führt zu dem leichten und sorgenfreien Weg. Auch das habe ich rasch begriffen. Erfüllen Sie Ihre Pflichten gegenüber Ihren Kindern, Eltern, Freunden und Haustieren, dann können Sie mit gutem Gewissen das Leben in vollen Zügen genießen.

116
Wer braucht besorgte Eltern?

Ein geduldiger Zuhörer, eine Schulter zum Anlehnen, gute Ratschläge und Unterstützung – wunderbar! Aber haben Ihre Kinder nicht schon genug eigene Sorgen? Vielleicht auch, weil Sie ihnen vermitteln, dass Sie sich Sorgen um sie machen? Sie können Ihren Kindern nichts Schlimmeres antun, als ihnen ständig zu sagen »Ich mache mir Sorgen um dich« und sich dauernd in ihr Leben einzumischen. Ist es nicht die Pflicht aller Eltern, ihren Kindern die Kraft zu geben, das Nest zu verlassen und ein erfülltes, glückliches Leben zu führen? Welches Kind würde diese Privilegien seinen Eltern missgönnen?

117
Ein Geschenk fürs Leben

Wenn Sie viele Jahre darauf verwenden, für mich ein wundervolles Kunstwerk zu erschaffen, möchten Sie mir damit eine große Freude bereiten. Sie halten mich für undankbar, dumm, ja beleidigend, wenn ich es wegwerfe, zerbreche oder verkaufe, statt mich ein Leben lang daran zu erfreuen. Damit hätte ich das kostbare Geschenk in Sorgen verwandelt.

118
Nicht zuletzt

Sie und ich existieren, und weil unser Geist und Körper so unglaublich viel Kraft in sich bergen und so hoch entwickelt sind, tun wir das nicht zufällig. Ich akzeptiere mein Dasein. Ich halte mich an Fakten: Ich leugne nicht, dass mein Überlebenstrieb am stärksten ausgeprägt ist. Das heißt, mein Leben ist mir kostbar. Ich bedaure, dass ich durch Gehirnwäsche und Unwissenheit dieses wertvolle Geschenk zeitweise mit Füßen getreten habe. Ich weine jedoch nicht über verschüttete Milch, sondern bin dankbar für die letzten achtzehn Jahre und blicke mit Zuversicht in die Zukunft. Wann immer Sie sich Sorgen machen, lesen Sie die nachfolgenden Seiten, auf denen die Goldenen Regeln zusammengefasst sind. Und Sie haben den großen Preis gewonnen! Das führt uns zur **Goldenen Regel Nummer sechzehn:**

Verschleudern Sie nicht das kostbarste Geschenk, das Sie jemals erhalten haben, indem Sie sich Sorgen darüber machen!

Die Goldenen Regeln im Überblick

1. Denken Sie positiv!
2. Wenn Sie ein kleines oder großes Problem haben, das Sie nicht sofort lösen können, machen Sie einen Plan. Und falls Sie gar nichts dagegen tun können, quälen Sie sich nicht selber, indem Sie sich Sorgen darüber machen.
3. Wenn Sie sich Sorgen über ein Problem machen, fragen Sie sich, was das Schlimmste ist, was passieren könnte. Meistens stellt sich dann heraus, dass selbst dieses Schlimmste kein Unglück ist.
4. Unwissenheit ist eine der Hauptursachen für Sorgen. Man muss sich niemals schämen, wenn man etwas nicht weiß. Die Angst davor, Unwissenheit einzugestehen, beschert Ihnen beides: Unwissenheit und Sorgen.
5. Angst ist Ihr Freund. Vergleichbar mit einem Feueralarm warnt sie uns vor Gefahren und hilft uns, deren Folgen zu vermeiden oder zu lindern. Die meisten unserer Sorgen entstehen durch Angst, und die meisten unserer Ängste durch Unwissenheit.
6. Weinen Sie nicht über verschüttete Milch. Betrachten Sie vergangene negative Ereignisse als wertvolle Erfahrung, und versuchen Sie, den gleichen Fehler nicht noch einmal zu machen.
7. Fürchten Sie sich nicht davor, Fehler zu machen.
8. Investieren Sie in die Zukunft!

9. Seien Sie sich bewusst, dass Sie das Potenzial für einen starken Körper und starken Geist in sich tragen.
10. Nutzen Sie dieses Potenzial. Es ist der Schlüssel zu einem sorgenfreien Leben.
11. Zum Lernen ist es nie zu spät.
12. Bringen Sie Ihren Kindern alles bei, was ich Ihnen in diesem Buch erklärt habe.
13. Führen Sie ein erfülltes, aktives, produktives, glückliches und sorgenfreies Leben.
14. Lassen Sie sich immer von Ihrem Gewissen leiten.
15. Ehrlichkeit währt am längsten.
16. Verschleudern Sie nicht das kostbarste Geschenk, das Sie jemals erhalten haben, indem Sie sich Sorgen darüber machen!

Allen Carr's Easyway informiert

Allen Carr's Easyway – der leichte Weg – stellt eine praktische Hilfe dar, ein gesünderes, glücklicheres und freieres Leben zu führen. Die Methode von Allen Carr hat sich wie ein Lauffeuer über den ganzen Erdball verbreitet. Genauso wie seine Bücher in immer mehr Sprachen übersetzt werden, entstehen immer neue Standorte, in denen Kurse angeboten werden.

Die Nichtraucherseminare nach der Methode von Allen Carr sind eine ideale Ergänzung für alle, die nach der Lektüre von Allen Carrs Büchern das Gefühl haben, zwar alles zu verstehen, aber die Umsetzung Schwierigkeiten bereitet. Sie können ein Seminar auch begleitend besuchen, wenn Sie Ihre Erfolge festigen wollen. Oder alternativ, wenn Sie eine persönliche Betreuung wünschen.

Allen Carr's Easyway Nichtraucherseminare dauern nur einmalig sechs Stunden und beinhalten eine Geld-zurück-Garantie. Sie werden seit 1993 mit sehr großem Erfolg im deutschsprachigen Raum durchgeführt.

Ab dem Jahr 2003 werden die Easyway-Seminare vom Bundesverband der Betriebskrankenkassen als Präventionsmaßnahme nach § 20 Abs. 1 SGBV empfohlen. BKK-Versicherte erhalten auf Nachfrage einen Zuschuss zum Seminar von ihrer Kasse.

Allen Carr's Easyway gibt es in vielen Städten in Deutschland, Österreich und der Schweiz.

Eine Liste mit den weltweiten Standorten finden Sie auf den nächsten Seiten. Allgemeine Anfragen über Allen Carr's Easyway richten Sie bitte an folgende Adresse:

Allen Carr's Easyway Deutschland
Erich Kellermann
Oberaustraße 6 a
83026 Rosenheim
Tel.: +49 0 80 31/40 21 50
Fax: +49 0 80 31/40 21 90
Email: info@allen-carr.de
www.allen-carr.de

Rufen Sie uns an:
Unverbindliche und kostenlose Informationen über die Seminare, Standorte und Termine erfahren Sie unter den kostenfreien Hotline-Nummern:

Deutschland: 08000 RAUCHEN (08000 / 7 28 24 36)
Österreich/Schweiz: 0800 RAUCHEN (0800 / 7 28 24 36)

Oder besuchen Sie unsere Homepage:

www.allen-carr.de

Hier finden Sie eine genaue Übersicht über alle Seminartermine.

In folgenden Städten führen wir in Deutschland regelmäßig Seminare durch:

Kiel, Lübeck, Bremen, Münster, Kassel, Fulda, Göttingen, Berlin, Leipzig, Dresden, Stuttgart, Heilbronn, Würzburg, Nürnberg, Karlsruhe, Ulm, Augsburg, Landshut, Lindau, München, Rosenheim

Infos für oben genannte Standorte erhalten Sie unter der bundesweit kostenfreien Hotline Nr.

08000 / RAUCHEN (08000 / 7282436)

Für Seminare in folgenden Regionen erhalten Sie Informationen unter den Nummern:

Frankfurt, Wiesbaden	Tel: 0611/3757165	Elfi Blume
Hannover, Bielefeld	Tel: 05222/797622	Wolfgang Rinke
Düsseldorf, Köln	Tel. 0211/5571738	Axel Matheja
HamburgTel.	040/28051056	Regina Hildebrandt

Standorte Österreich:
Wien, Salzburg, Linz, Innsbruck, Graz, Bregenz

Standorte Schweiz:
Luzern, Olten, Winterthur, Bern

AUSTRALIEN

Melbourne:
Tel. & Fax: 03 9894 8866
E-Mail: tw.easyway@bigpond.com
Trudy Ward

BELGIEN

Internet: www.allencarr.be

Antwerpen:
Tel.: 03 281 6255, Fax: 03 744 0608
E-Mail: easyway@online.be
Dirk Nielandt
E-Mail: poppyval@iway.be
Valerie Popowski

CANADA

Vancouver:
Tel.: 604 737 1113
Fax: 604 737 1116
E-Mail: damiano@telus.net
Damian O'Hara

DÄNEMARK

Internet: www.easyway.dk

Kopenhagen:
Tel.: 45 3331 0476
E-Mail: mettef@image.dk
Mette Fonss

ECUADOR

Quito:
Tel.: 02 82 09 20 oder
Tel. & Fax: 02 56 33 44
E-Mail: toisan@pi.pro.ec
Ingrid Wittich

ENGLAND

Internet:
www.allencarrseasyway.com

Tel. & Fax: 020 7935 5648
E-Mail:
rh@allencarrseasyway.com
Robin Hayley

Tel. & Fax: 020 8641 8165
E-Mail:
madimason@hotmail.com
Madeleine Mason

London:
Tel. & Fax: 020 8944 7761
E-Mail:
postmaster@allencarr.demon.co.uk
John Dicey, Sue Bolshaw,
Crispin Hay, Collen Dwyer

Birmingham:
Tel. & Fax: 0121 423 1227
E-Mail:
postmaster@allencarr.demon.co.uk
John Dicey, Crispin Hay, Collen Dwyer

Bournemouth & Southampton:
Tel.: 01425 272757
John Dicey, Colleen Dwyer

Bristol & Swindon:
Tel.: 0117 908 1106
E-Mail:
charles@kettlehouse.datanet.co.uk
Charles Holdsworth-Hunt

Edinburgh:
Tel.: 0131 660 6688
E-Mail: easyway@clara.co.uk
Derek McGuff

Glasgow:
Tel.: 0131 466 2268
E-Mail: bergin@napierun.fsnet.co.uk
Joe Bergin

Kent:
Tel.: 01622 832 554
E-Mail: easywaykent@yahoo.co.uk
Angela Jouanneau

Manchester:
Internet:
www.easywaymanchester.co.uk
Tel.: 01625 590 994
Fax: 01625 590 989
E-Mail: stopsmoking@ easyway-manchester.co.uk
Rob & Eva Groves

North East:
Tel. & Fax: 0191 581 0449
Tony Attrill

Yorkshire:
Internet:
www.dianaevans.co.uk
Tel.: 0700 900 0305 oder
01423 525 556
Fax: 01423 523 320
E-Mail: dianayork@yahoo.co.uk
Diana Evans

FRANKREICH

Internet: www.allencarr.fr

Paris & Marseille:
Tel.: 04 91 33 54 55
Fax: 04 91 33 32 77
E-Mail: info@allencarr.fr
Erick Serre

Karibik:
Tel.: 05 90 84 95 21
Fax: 05 90 84 60 87
E-Mail:
allencaraibes@wanadoo.fr
Fabiana de Oliveira

Languedoc:
Tel.: 0467 41 29 60
Dominique Hertogh

Toulouse:
Tel.: 0800 15 57 40

IRLAND

Dublin:
Tel.: 01 494 1644
Fax: 01 495 2757
E-Mail: seansw@iol.ie
Brenda Sweeney

Connaught:
Tel. & Fax: 094 67 925
Pat Melody Dunne

Munster:
Tel. & Fax: 056 54 911
E-Mail:
powerhernandez@eircom.net
Catherine Power Hernandez

ISLAND

Reykjavik:
Tel.: 354 553 9590
Fax: 354 588 7060
E-Mail: easyway@simnet.is
Petur Einarsson & Valgeir Skagfjord

ITALIEN

Mailand:
Mobile Tel.: 0348 354 7774
oder 0322 980 350
E-Mail: fcesati@blueyonder.co.uk
Francesca Cesati

KOLUMBIEN

Bogota:
Tel.: 571 313 30 30 oder
571 211 76 62
E-Mail: positron@cc-net.net
Jose Manual Duran

NEUSEELAND

Auckland:
Tel.: 09 626 5390
E-Mail: macrazies@xtra.co.nz
Vickie Macrae

NIEDERLANDE

Internet: www.allencarr.nl

Amsterdam:
Tel.: 020 465 4665
Fax: 020 465 6682
E-Mail: amsterdam@allencarr.nl
Eveline De Mooij

Nijmegen:
Tel.: 024 360 33 05
E-Mail: nijmegen@allencarr.nl
Jacqueline van den Bosch

Rotterdam:
Tel.: 010 244 07 09
Fax: 010 244 07 10
E-Mail:
rotterdam@allencarr.nl oder
carr.rotterdam@wxs.nl
Kitty van't Hof

Utrecht:
Tel.: 035 60 29458
E-Mail: soest@allencarr.nl
Paula Rooduijn

PORTUGAL

Oporto:
Internet:www.fatimahelder.com
Tel.: 351 229 44 00 96
Fax: 351 229 40 72 34
E-Mail: easyweigh@mail.telepac.pt
Fatima Helder
Tel.: 229 958698, Fax: 229 955507
E-Mail: slofmont@mail.telepac.pt
Ria Monteiro

SPANIEN

Internet:
www.comodejardefumar.com

Madrid:
Tel.: 902 10 28 10
Fax: 942 83 25 84
E-Mail: easyway@comodejardefumar.com
Geoffrey Molloy & Rhea Sivi

SÜDAFRIKA

Kapstadt:
Tel.: 083 600 5555
Fax: 021 852 2014
E-Mail: easyway@allencarr.co.za
Dr. Charles Nel
E-Mail: dudley.garner@citicorp.com
Dudley Garner

Wir freuen uns immer wieder zu hören, wenn es wieder ein Raucher geschafft hat, sich aus der Nikotinfalle zu befreien. Sie haben wirklich etwas Großartiges erreicht.

Wir würden uns freuen, diese Freude mit Ihnen zu teilen und ein Feedback von Ihnen zu erhalten. Senden Sie uns doch bitte untenstehenden Abschnitt an folgende Adresse:

Allen Carr's Easyway Deutschland
Erich Kellermann
Oberaustraße 6b
83026 Rosenheim

Liebes Allen-Carr-Team

HURRA, ICH BIN NICHTRAUCHER

Name: ______________________________

Adresse: ______________________________

Bemerkungen: ______________________________

____

____